Liebe Leserinnen und Leser,

die Reformation war kein mitteldeutsches Ereignis. Von den Anfängen in Wittenberg breitete sie sich in den Städten und Territorien des Reiches aus, sie wurde in verschiedenen Regionen Europas mit großer Aufmerksamkeit wahrgenommen und endlich zu einem Faktor der Weltgeschichte, dessen Wirkungen bis heute andauern.

An eine Region wie das heutige Ruhrgebiet wird man nicht zuerst denken, wenn man an die Anfänge der Reformation denkt. Und doch haben auch hier, in den Städten zuerst, reformatorische Ideen früh Eingang gefunden. In den geistlichen Territorien freilich blieb ihnen der Zugang lange verschlossen, und noch bis in das 20. Jahrhundert bestanden evangelische und katholische Milieus in deutlicher Abgrenzung voneinander.

An der Schnittstelle zwischen dem Rheinland und Westfalen erwuchs eine vielgestaltige Reformation, die ihre besondere Prägung durch die Nähe zu den katholischen Territorien, aber auch zu den Strömungen am Niederrhein mit dem ihnen eigenen konfessionsspezifischen Charakter erhielt.

Das vorliegende Heft zeigt die Vielfalt der Reformationen in der Region Ruhr im 16. Jahrhundert, darüber hinaus aber auch die vielerlei Wirkungen, die von ihnen ausgingen und eine Region prägten, die als Industrierevier im 19. und 20. Jahrhundert ihre besondere Geschichte hatte und sich in den letzten Jahrzehnten neu finden und erfinden musste.

Innerhalb dieser Region kommt dem Martin Luther Forum Ruhr als einem Ort der Begegnung und Auseinandersetzung mit der Reformation und ihren Wirkungen hervorragende Bedeutung zu. Die dort präsentierte Ausstellung zur Geschichte der Reformation und die Veranstaltungen pflegen das Andenken an die evangelischen Anfänge und vermitteln auf dieser Basis Impulse für die Gegenwart – in Wirtschaft und Gesellschaft, Kirche und Kultur.

Als Herausgeber freue ich mich darüber, dass das in Nürnberg begonnene und über zahlreiche Städte Mittel-, Süd- und Norddeutschlands fortgeführte Unternehmen »Orte der Reformation« nun im Westen angekommen ist. Ich danke allen Mitwirkenden für ihre Beiträge, insbesondere Herrn Werner Conrad für die Redaktion des Heftes, und wünsche allen Leserinnen und Lesern spannende Begegnungen mit diesen Orten der Reformation.

Ihr

Prof. Dr. Dr. Johannes Schilling
Herausgeber

Inhalt

78 Orte des Glaubens –
Kirchen im Ruhrgebiet

94 Glaube, Wissenschaft und Kunst

Der Protestantismus im Ruhrgebiet ist nah bei den Menschen

VON ANNETTE KURSCHUS UND MANFRED REKOWSKI

Die Präsides von Westfalen und dem Rheinland Annette Kurschus (links) und Manfred Rekowski (rechts)

Das Ruhrgebiet gehört wahrscheinlich nicht zu den Landschaften, die einem bei dem Stichwort Reformation zuerst ins Gedächtnis kommen.

Gleichwohl kann die Region, die heute als Ruhrgebiet bezeichnet wird (und sich als solches versteht), schon seit Mitte des 16. Jahrhunderts profilierte Orte der Reformation vorweisen. Sie hat über die Jahrhunderte wichtige protestantische Persönlichkeiten hervorgebracht.

Etwa den in Unna und Herdecke wirkenden profilierten lutherischen Prediger und Liederdichter Philipp Nicolai, den wegen »Lutherey« aus den Niederlanden vertriebenen Duisburger Kartographen und Kosmologen Gerhard Mercator, den in Mülheim an der Ruhr wirkenden reformierten Mystiker und Liederdichter Gerhard Tersteegen oder den Bochumer Pfarrer, Theologen und Mitbegründer der Bekennenden Kirche Hans Ehrenberg.

Man braucht, wie es das vorliegende Heft tut, den Fokus nur ein wenig zu weiten und erkennt: Auch wenn das Ruhrgebiet wohl keine prominenten Reformationsstätten aufweisen kann, so ist es doch eine im Wortsinn reformatorische Landschaft.

Während sich die Reformation etwa in der Grafschaft Mark in der zweiten Hälfte des 16. Jahrhunderts in fast allen Orten durchsetzte und auch große Städte wie Dortmund, Duisburg und Essen in den 1540er bis 1560er Jahren die Reformation einführten, blieb das Ruhrgebiet im Einflussgebiet der mächtigen und strategisch bedeutsamen Bistümer Köln und Münster zugleich auch ein konfessionell umstrittenes und gar umkämpftes Gebiet.

Im Jahr 1610 kamen in Duisburg 36 reformierte Pfarrer und Laien zusammen und legten mit ihrer Synode Grundsteine für die Freiheit der Konfessionen, das kirchliche Bildungswesen, die Armenfürsorge und nicht zuletzt die Ordnung, nach der Pfarrer und Laien die evangelische Kirche gemeinsam und von »unten« nach »oben« leiten – die sogenannte presbyterial-synodale Ordnung, ein Prinzip, das noch heute Gültigkeit hat.

Vielerorts bis ins 20. Jahrhundert hinein durchzogen konfessionelle Auseinandersetzungen zwischen den großen Kirchen das Alltagsleben. Wer über die Reformationsgeschichte im Ruhrgebiet nachdenkt, wird auch fragen: Was lässt sich aus den oft problematischen Erfahrungen des Konfessionalismus für das gegenwärtige Miteinander der christlichen Kirchen und Religionsgemeinschaften an der Ruhr lernen und wo und wie können die beiden großen christlichen Konfessionen gemeinsamen für das Evangelium und die Menschen einstehen?

Die Bevölkerung des Ruhrgebiets ist geprägt durch zwei große Einwanderungswellen. So wuchs zwischen 1875 bis 1910 die Einwohnerzahl des Ruhrgebiets von einer Million auf 3,6 Millionen Menschen um mehr als das Dreifache: Dies veränderte auch die konfessionelle Landkarte. Nach 1945 führte eine zweite Einwanderungswelle zu einem Anstieg der Bevölkerung von 4 Millionen auf etwa 5,5 Millionen Menschen. Die Kirche hat auf beide Migrationswellen mit Gemeindeneugründungen reagiert, so dass die meisten Gemeinden des Ruhrgebiets aus dieser Zeit stammen und deshalb kirchenweit eher jung sind.

Das Ruhrgebiet war und ist eine Einwanderungsregion par excellence – ein melting pot, der vormals »fremde« Menschen zu einer neuen Identität zusammengeführt hat, ebender Ruhrgebiets-Identität. Dies hat Spuren in Köpfen und Herzen hinterlassen. Wer nach der Reformation im Ruhrgebiet forscht, wird auch nach der Rolle des Glaubens und der Glaubensgemeinschaften im Ankommen und Heimisch-Werden fragen; wird staunen, lernen und dankbar sein für die geglückte Integration so vieler ehemals »fremder« Menschen. Nicht zuletzt mag er gelassen und zuversichtlich werden angesichts der Aufgaben, die auch auf die Region an der Ruhr durch die Flüchtlinge aus den kriegszerstörten Regionen dieser Welt zukommen.

Der Protestantismus im Ruhrgebiet ist pragmatisch und politisch, er ist nah bei den Menschen und weiß sich für die Gestaltung der Gesellschaft mitverantwortlich. Das Erbe der Industrialisierung, der die große Zahl der Gemeinden ihre Entstehung verdankt, trägt zu einem Frömmigkeitsprofil bei, das an landeskirchlichen Grenzen nicht Halt macht. Pfarrer und Pfarrerinnen stehen den Gemeinden auf Augenhöhe gegenüber. Zahlreiche besondere kirchliche Initiativen helfen allgemeingesellschaftliche und kulturelle Verantwortung in den Bereichen Bildung, Ökologie und Diakonie durch Projekte gezielt wahrzunehmen.

Wer angesichts des Reformationsjubiläums und des vielfältigen Wandels unserer Gegenwart in die Geschichte zurückschaut, dem wird um diese veränderungserprobte Region und um die Zukunft des Ruhrgebiets-Protestantismus nicht bange werden. Gerade in diesen Veränderungen und durch sie hat

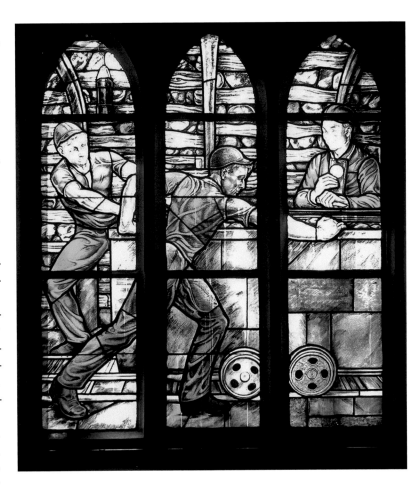

er ja seine besondere Identität und seinen eigenen Charme gewonnen – bodenständig und kreativ, handfest und nah bei den Menschen.

Lassen Sie sich einladen zu Ausflügen in Geschichte und Gegenwart der Reformation im Ruhrgebiet. Zuerst zwischen den Zeilen und Bildern dieses Hefts und dann hoffentlich auch zu den Menschen zwischen Emscher und Ruhr. •

Glück auf!

Einzigartiger Bezug auf die Region: Die Bergmannsfenster im Südanbau der St. Vinzentius-Kirche in Bochum-Harpen zeigen Bilder aus der Arbeitswelt der Kumpel des Ruhrgebietes

▶ **ANNETTE KURSCHUS**
ist Präses der Evangelischen Kirche von Westfalen.

▶ **MANFRED REKOWSKI**
ist Präses der Evangelischen Kirche im Rheinland.

Willkommen in der Metropole Ruhr!

—

VON KAROLA GEISS-NETTHÖFEL

D as Magazin »Orte der Reformation: Region Ruhr« stellt Bezüge zwischen Begriffen her, die auf der Zeitschiene Jahrhunderte auseinanderliegen. Wie das? War das Land zwischen Rhein und Ruhr zum Zeitpunkt des Wirkens Luthers noch ein unbekanntes Land? Natürlich nicht! Hier wie an vielen Orten zu jener Zeit fanden kleine und größere Ereignisse statt, die den epochalen Umbruch der Reformation belegen. Ihnen nachzuspüren ist auch Inhalt der vorliegenden Publikation. Es wird bestimmt spannend sein, darüber zu lesen.

Aber spricht man vom Ruhrgebiet als Bezugsraum, dann rückt sehr viel mehr in den Blickpunkt als der geographische Bezug. Denn »Ruhrgebiet« oder sein neuer Name »Metropole Ruhr« markiert die Region nicht nur räumlich, sondern steht für einen urbanen Lebensraum in seiner ganzen Vielschichtigkeit mit inzwischen über fünf Millionen Menschen.

In dieser Ausformung ist das Ruhrgebiet noch nicht sehr alt. Als ein Kind der Moderne ist es Produkt und zugleich Antrieb des Industriezeitalters und stand somit bei allen gewichtigen sozialen und wirtschaftlichen Umbrüchen seit Mitte des 19. Jahrhunderts in vorderster Linie. Auch über diesen Zeitraum ist es sicherlich interessant, die protestantischen Spuren nachzuzeichnen. Als klassisches Einwanderungsland, das das Ruhrgebiet von Anfang an war und noch immer ist, hat sich im Laufe der Zeit die konfessionelle Landkarte erheblich verändert.

Viel wichtiger ist es aber, im Hier und Jetzt nachzuforschen, was Reformation heute in dieser Metropole ausmacht.

Für manch einen mag es irritierend sein, das Ruhrgebiet als Metropole Ruhr zu bezeichnen. Mit Bildern von Städten wie Berlin, London oder Paris im Kopf scheint es unvereinbar, 53 Städte als eine

Metropole zu betiteln. Doch das Klischee der alten Hauptstädte reicht nicht aus, um die urbane Lebenswelt moderner, polyzentrischer Ballungsräume zutreffend zu qualifizieren.

Das Ruhrgebiet ist im vorgezeigten Sinne die »etwas andere Metropole«, die all das, was eine Metropole ausmacht, nicht in den Grenzen einer Stadt, sondern in einer dicht gedrängten Städtelandschaft ausweist. Die Menschen nehmen sie als Einheit wahr und bewegen sich in ihr entsprechend.

Neben diesen Realitäten ist die Metropole Ruhr auch Anspruch und Ziel. Sie ist Ausdruck des Selbstbewusstseins dieses Raums, der keinen Vergleich scheuen muss. Immer, wenn die 53 Kommunen ihr

Eine Region, für die Zuzug und Migration schon von Anfang an prägend waren und es noch heute sind.

Gewicht gemeinsam in die Waagschale werfen, ist es ein großer Erfolg, wie das Projekt »RUHR.2010 – Kulturhauptstadt Europas« bewiesen hat. Damit steht Metropole Ruhr für Lösungsansätze und Konzepte, mit denen Industrieräume im Wandel auf Handlungsfeldern wie Wirtschaft, Wissenschaft, Bildung, Kultur, Demographie, Mobilität, Wohnen und Ökologie zukunftsfähig bleiben. So stellt sich die Wirtschaftsmetropole Ruhr nicht mehr als ein monostruktureller Montanwirtschaftsraum dar. Sie hat sich viele neue Standbeine geschaffen und ist in Bereichen wie Gesundheit, Logistik oder Klimaschutz vorbildhaft.

Mit rund 240.000 Studierenden, 25 Universitäten und Hochschulen sowie 50 außeruniversitären Forschungseinrichtungen ist die Wissensmetropole Ruhr der größte Hochschulstandort in Deutschland mit hohen ökonomischen Effekten bei Beschäftigung und Konsum.

Eine Dichte von 200 Museen und 120 Bühnen zeichnet das Ruhrgebiet als einzigartige Kulturmetropole Ruhr aus.

Das alles sind messbare Quantitäten und Qualitäten. Aber das entscheidende Mehr, was die Metropole Ruhr im globalen Wettbewerb der Regionen hervorhebt, ist ihre besondere Identität, die sich aus der Industriekultur speist.

Durch den Strukturwandel von der alten Montanregion hin zur modernen Industrie-, Dienstleistungs- und Forschungsregion sind die Wurzeln nicht verschüttet worden. Die ehemaligen Produktionsstätten, in denen über Generationen hinweg Menschen aus vielen europäischen Ländern Arbeit und Brot fanden, haben eine neue Bedeutung bekommen. Als Kathedralen der Industriekultur stehen sie zugleich für die unverwechselbare Geschichte der Region, sind Magneten für Touristen und symbolisieren als besondere Spielorte für Kulturereignisse den Wandel der Region. Das 400 Kilometer große Leitwegenetz der Route der Industriekultur erschließt den Weg zu den architektonischen und landschaftlichen Sehenswürdigkeiten, die sich so neu erfahren und erleben lassen. Ein vielfach unbekanntes, aber bedeutendes Kapitel der Industriekultur sind die Orte des Glaubens und der Andacht, die in einer Themenroute zusammengefasst wurden und eine faszinierende Fülle an Sakralbauten des Industriezeitalters widerspiegeln.

So wird Geschichte zur Zukunft und zu einem gemeinsamen Band für über fünf Millionen Menschen in einer Region, für die Zuzug und Migration schon von Anfang an prägend waren und es noch heute sind. Heute leben Bürgerinnen und Bürger aus knapp 200 Nationen in der Metropole Ruhr, die ihre Traditionen und religiösen Bindungen mitgebracht haben. Eine bunte Vielfalt, die ungeheure Chancen, aber auch Herausforderungen für das Miteinander in einer modernen Hochleistungsgesellschaft bereithält.

Voraussetzung für den dauerhaften Erfolg ist jedoch, dass im Gemeinsamen das Unterschiedliche und Individuelle nicht aufgegeben wird und die verschiedenen Traditionsstränge und Ursprungslinien zu einem starken Bündel verknüpft werden. So kann jeder seine Stärken zum Wohle der Allgemeinheit einbringen, ohne sich selbst zu verleugnen.

Ich sehe die Bedeutung dieser Publikation darin, die protestantischen Traditionslinien der Metropole Ruhr offenzulegen und das Bewusstsein für die Bedeutung der Reformation für uns heute zu schärfen. Für mich sind Freiheit und Individualität das kostbarste Geschenk, das die Reformation in unser Leben bringt! ●

▸ **KAROLA GEISS-NETTHÖFEL**
ist Regionaldirektorin des Regionalverbandes Ruhr.

KULTURMETROPOLE RUHR — *Himmel des Gasometers Oberhausen, ein Leuchtturm der Industriekultur.*

WIRTSCHAFTSMETROPOLE RUHR —
Neues ThyssenKrupp Quartier in Essen.

WISSENSMETROPOLE RUHR — *Ruhr-Universität Bochum als erste neue Universität der Bundesrepublik Deutschland.*

WIE DIE REFORMATION INS RUHRGEBIET KAM

Auf Spurensuche in einer reformatorischen Landschaft: Die Einführung der Reformation war hier ein längerer Prozess. Ein wesentliches Merkmal für den Durchbruch: die Kombination von Predigt- und Singbewegung.

Protestantismus im Ruhrgebiet

Von der Reformationszeit bis zur Rheinisch-Westfälischen Kirchenordnung 1835

VON MICHAEL BASSE

Reformationszeit

◀ Seiten 14/15
Die Ruhr bei Witten

Die Einführung der Reformation vollzog sich im Ruhrgebiet in einem längeren, stufenweisen Prozess, der von den politischen Rahmenbedingungen der einzelnen Städte und Regionen abhängig war und bei dem auch Einflüsse aus benachbarten Territorien eine wichtige Rolle spielten. Das Gebiet des heutigen »Regionalverbands Ruhr« gehörte zu Beginn des 16. Jahrhunderts zum Herzogtum Kleve-Jülich-Berg, dem Kurfürstentum Köln, dem Fürstbistum Münster, den Fürstabteien Werden und Essen sowie der Grafschaft Limburg. Von den benachbarten Territorien schlossen sich bereits in den 1520er Jahren die Grafschaften Waldeck, Diepholz, Hoya und Nassau-Dillenburg der Reformation an. Einen überregionalen Einfluss strahlte zudem Landgraf Philipp von Hessen aus. Das Herzogtum Kleve-Jülich-Berg, das flächenmäßig den größten Teil der Region darstellte und das in erheblichem Maße an der geistlichen Gerichtsbarkeit des Erzbischofs von Köln Anteil hatte, bildete in der Reformationszeit einen Sonderfall, insofern die Herzöge einen Mittelweg zwischen der Wittenberger Reformation und dem Katholizismus im Sinne der römischen Kurie beschritten. Sie orientierten sich dabei am Humanismus des Erasmus von Rotterdam (1465/69–1536), dessen Ansichten zu einer notwendigen Reform der Kirche und der Frömmigkeit sie ebenso teilten wie die Auffassung, dass eine solche Reform grundsätzlich innerhalb der römischen Kirche möglich sei und nicht einen Bruch mit ihr erfordere, wie ihn Martin Luther vollzog. Die reformorientierte Ausrichtung der Klever Religionspolitik war auf lange Sicht nicht erfolgreich, vielmehr übernahmen an vielen Orten die städtischen Magistrate die Initiative und setzten sich für die Einführung der Reformation ein.

Zunächst waren es Einzelne wie Adolf von Clarenbach (1495–1529) und Gerhard Oemeken (ca. 1500–1562), die von den reformatorischen Ideen begeistert waren und sie in ihren Gemeinden weitergaben. Für die Ausweitung der evangelischen Bewegung waren dann auch Philipp Melanchthons Kontakte zu humanistischen Kreisen im nördlichen Rheinland sowie Martin Luthers Unterstützung für die Reformation in Soest bedeutsam, denn in dieser Stadt, die zwar außerhalb des heutigen Ruhrgebiets liegt, aber im 16. Jahrhundert unter der Schutzherrschaft des Herzogs von Kleve stand, setzte sich die Reformation zu Beginn der 1530er Jahre durch und strahlte in der Folgezeit in das angrenzende Ruhrgebiet aus. Ein charakteristisches Merkmal für den Durchbruch der Reformation im Ruhrgebiet war – wie in anderen Regionen auch – die Kombination von Predigt- und Singbewegung, insofern die Einführung der evangelischen Predigt mit der Verbreitung von Lutherliedern einherging und so die ganze Gemeinde den Übergang zur Reformation in Form eines gesungenen Bekenntnisses zum Ausdruck brachte. Dem folgten dann liturgische Reformen in der Gestaltung des Gottesdienstes und organisatorische Veränderungen durch die Einführung einer Kirchenordnung. Entscheidend für den Durchbruch und den weiteren Verlauf der Reformation waren die religiösen und politischen Interessen der jewei-

lutherische Gemeinde
reformierte Gemeinde

ligen Trägergruppen. Dabei verstärkte sich eine Entwicklung, die schon im 15. Jahrhundert eingesetzt hatte, als weltliche Territorialherren und städtische Magistrate religionspolitische Maßnahmen ergriffen, um notwendige Reformen in der Kirche voranzutreiben und damit zugleich Einfluss zu gewinnen. Auch im Ruhrgebiet setzte sich die Reformation zunächst in den Städten durch, weil sie zum einen relativ unabhängig waren, selbst wenn sie zu einem fürstlichen oder bischöflichen Territorium gehörten, und sie zum anderen in wirtschaftlicher sowie kultureller Hinsicht bessere Voraussetzungen für die Verbreitung reformatorischer Gedanken boten. Die Offenheit der städtischen Magistrate für die Reformation hing von der sozialen Zusammensetzung und dem jeweiligen Ausmaß der Auseinandersetzungen zwischen Patriziern und Zünften ab. Dabei ging es in erster Linie um politische Macht und die Frage des Stimmrechts bzw. der Sitzverteilung in den Räten einer Stadt, und damit verknüpft war das Ringen um die Einführung der Reformation, wofür sich die Zünfte im Gegensatz zu den eher konservativen und altgläubigen Patriziern einsetzten.

Erst mit dem Abschluss des Passauer Vertrages 1552, der den Krieg zwischen dem Kaiser und den protestantischen Reichsfürsten beendete und die Anerkennung des Protestantismus bedeutete, setzte eine Entwicklung ein, die auch im Herzogtum Kleve-Jülich-Berg dazu führte, dass sich die Reformation nun in relativ kurzer Zeit durchsetzen konnte, so 1553 in Hamm und 1554 in Kamen, Hagen und Schwerte. Nach dem Augsburger Religionsfrieden 1555 gingen weitere Städte im Herzogtum zur Reformation über: Wetter 1557, Unna 1559 und Duisburg 1568. Bedeutende lutherische Gemeinden gab es darüber hinaus in Lennep und Dinslaken. In Bochum breitete sich die Reformation ab 1570 aus, jedoch dauerte es noch bis 1613, ehe sich die lutherische Gemeinde von der römisch-katholischen Kirche trennte. Kennzeichen der Gesamtentwicklung im Ruhrgebiet war, dass hier eine Reformation »von unten« durchgeführt wurde, d. h. nicht die Obrigkeit, sondern die Gemeinden selbst die Initiative ergriffen.

Im Kurfürstentum Köln, zu dem in der Reformationszeit das Vest Recklinghausen und das Herzogtum Westfalen gehörten, wurden reformatorische Gedanken vor allem zur Zeit des Erzbischofs Her-

Diese Karte von 1815 zeigt, dass es zu dieser Zeit noch keine evangelischen Gemeinden im Vest Recklinghausen, nördlich der Provinz Westfalen, gab

Adolf Clarenbach
und Peter Fliesteden
werden auf dem
Scheiterhaufen in
Köln verbrannt –
Holzschnitt nach
Ludwig Rabus (1553)

mann von Wied (1477–1552) verbreitet. Dessen Versuch, mit Unterstützung Melanchthons das gesamte Erzbistum zur Reformation zu überführen, scheiterte aber. Aufgrund der Bestimmung des Augsburger Religionsfriedens, dass geistliche Territorien im Unterschied zu weltlichen nicht zur Reformation übergehen durften (sogenannter »Geistlicher Vorbehalt«), festigte sich in der zweiten Hälfte des 16. Jahrhunderts die Position der römischen Kirche im Kurfürstentum Köln und verstärkte sich die Bewegung der Gegenreformation. Unter dem Einfluss Kurkölns stand im 16. Jahrhundert auch noch die Grafschaft Limburg, bis sich dort 1611 die Reformation in ihrer reformierten Ausprägung durchsetzte.

Im Fürstbistum Münster war reformatorisches Gedankengut vor allem im Landadel verbreitet,

wobei hier religiöse Überzeugungen mit dem politischen Interesse an einer Wahrung der eigenen Unabhängigkeit verknüpft waren. Nachdem im Augsburger Religionsfrieden das »ius reformandi« verankert worden war, d. h. das Recht der weltlichen Herrscher, ihre Konfessionszugehörigkeit – wie auch die ihrer Untertanen – selbst zu bestimmen, nahmen Landadelige dieses Recht für sich in Anspruch. Das führte jedoch zu Konflikten mit den Fürstbischöfen, die sich um eine Zentralisierung ihrer Macht bemühten und sich dabei auf das Prinzip des »geistlichen Vorbehaltes« beriefen.

In der Reformationsgeschichte des Ruhrgebietes spielten auch die Täufer eine wichtige Rolle. Sie waren hier vor allem am Niederrhein verbreitet. Nach der Niederschlagung des Täuferreiches zu Münster 1534/35 traten in den 1550er Jahren erneut

Täufergruppen in Erscheinung, die eine scharfe Reaktion der Obrigkeit auslösten und auch bei Pfarrern wie Karl Gallus (1530–1616) in Hamm auf erbitterte Ablehnung stießen. Die theologische Abgrenzung zu den Täufern und ihre gesellschaftliche Ausgrenzung waren dann auch in der Folgezeit ein durchgängiges Motiv im Ruhrgebietsprotestantismus.

Konfessionelles Zeitalter

Um das Jahr 1570 ist ein Einschnitt in der Geschichte des Protestantismus im Ruhrgebiet zu verzeichnen, der den Übergang zum Konfessionellen Zeitalter markierte, denn nun kam zu dem Gegensatz zwischen Katholiken und Protestanten noch die innerevangelische Auseinandersetzung zwischen Lutheranern und Reformierten hinzu. Reformierte traten im westlichen Ruhrgebiet zunächst als französische und niederländische Emigranten in Erscheinung, die aus ihrer Heimat geflohen waren, weil sie dort im Zuge der Rekatholisierung verfolgt wurden. Bedeutende Flüchtlingsgemeinden entstanden in Wesel und Duisburg. Nach niederländischem Vorbild übernahmen die Reformierten am Niederrhein auch die presbyterial-synodale Kirchenverfassung. In Wesel tagte 1568 ein Konvent, dessen Führungsgremium allein aus niederländischen Pfarrern und Ältesten bestand. Der überregionale Zusammenschluss der Reformierten erfolgte dann 1571 auf der Emdener Synode. Mit der Rezeption des Heidelberger Katechismus war die Grundlage für die Entwicklung einer spezifisch reformierten Theologie vorhanden.

In der Grafschaft Mark wurde die erste reformierte Gemeinde von niederländischen Glaubensflüchtlingen 1561 in Hamm gegründet. Ein Jahr später wurde dort Karl Gallus Pfarrer an der Stadtkirche, an der er bis 1576 wirkte und gemäß dem calvinistischen Verständnis des Bilderverbots für die Beseitigung der Heiligenbilder sowie für die Einführung des Heidelberger Katechismus sorgte. In der Folgezeit entstanden in der Mark immer mehr reformierte Gemeinden, die sich dann auch untereinander um eine Verbindung bemühten. Ein erster Schritt war die Unterzeichnung eines Bekenntnisses, das der Essener Prediger Berger 1592 in Anlehnung an den Heidelberger Katechismus verfasste. Die Ausbreitung des Calvinismus rief den Widerstand der Lutheraner hervor. Angesichts der politischen Unruhe erteilte Herzog Wilhelm ein Aufenthaltsverbot für Flüchtlinge aus den Niederlanden, die aufrührerischer Ideen und ketzerischer Lehren verdächtig waren. Besonders heftig waren die Auseinandersetzungen in Unna, wo sich zunächst die lutherische Reformation durchgesetzt hatte, dann aber die Reformierten immer mehr an Einfluss gewannen, bis schließlich Philipp Nicolai (1556–1608) auftrat, dem es mit polemischen Predigten und Publikationen gelang, die Stadt für das Luthertum zurückzugewinnen.

In den Jahren 1610 bis 1612 fanden insgesamt drei Synoden statt, die von langfristiger Bedeutung für die Kirchengeschichte des Ruhrgebietes waren, weil sie die presbyterial-synodale Ordnung der evangelischen Kirche begründeten. Die Synode der reformierten rheinischen Gemeinden 1610 in Duisburg bildete den Auftakt, im darauffolgenden Jahr versammelten sich dann in Unna die Vertreter der reformierten Gemeinden in der Mark, und wieder ein Jahr später fanden sich die Lutheraner ebenfalls in Unna zu ihrer Generalsynode zusammen. Damit wurden evangelische Kirchen gegründet, die formal vom Staat unabhängig waren, in der Praxis aber mit dem Staat zusammenwirkten. Dass nun zumindest ein konfessionelles Nebeneinander möglich war, lag an den politischen Veränderungen in der Region, denn nach dem Tod des letzten Herzogs von Kleve-Jülich-Berg im Jahre 1609 fiel die Grafschaft Mark an Brandenburg und Pfalz-Neuburg, deren Herrscher darin übereinkamen, den Angehörigen der drei christlichen Konfessionen Religionsfreiheit zu gewähren. Die macht- und religionspolitischen Konflikte verschärften sich allerdings, als das brandenburgische Herrscherhaus zur reformierten Konfession überging und Pfalz-Neuburg katholisch wurde. Der Streit, der sich noch über fünfzig Jahre hinziehen sollte, wurde überlagert vom Dreißigjährigen Krieg, der 1618 ausbrach und in dem die religiösen und politischen Auseinandersetzungen des Konfessionellen Zeitalters kulminierten. Der Westfälische Frieden von 1648 brachte schließlich eine wegweisende und auf lange Sicht auch tragfähige Lösung, indem die Bestimmungen des Augsburger Religionsfriedens von 1555 nun auch auf die reformierte Konfession ausgedehnt wurden, so dass nun alle drei christlichen Konfessionen gleichberechtigt waren. Mit der Festlegung eines »Normaljahres« (1624), das über den konfessionellen Status der einzelnen Territorien entschied, wurde die Gegenreformation im Erzbistum Köln und im Fürstbistum Münster intensiviert, so dass schließlich die meisten Evangelischen vertrieben wurden. Auf der anderen Seite setzte in Brandenburg zu Beginn der 1660er Jahre eine Katholikenverfolgung ein, die von protestantischen Kirchenvertretern forciert wurde. Im Herzogtum Jülich-Berg konnten sich die Evangelischen auch unter der katholischen Obrigkeit behaupten, wobei die Reformierten ein deutliches Übergewicht hatten, während die Lutheraner stärker in der Diaspora lebten. Erst der Religionsrezess von Cölln an der Spree, den der Kurfürst von Brandenburg und der Pfalzgraf im Jahre 1672 ratifizierten, schuf dann für Evangelische – wie auch Katholiken – dort, wo sie in der Minderheit waren, eine gewisse Rechtssicherheit.

Mit der Konsolidierung der religionspolitischen Verhältnisse einher ging eine Festigung der jeweiligen Konfessionskulturen sowohl in der theologischen Lehre als auch in der Frömmigkeitspraxis. Gesangbücher und Katechismen waren wichtige Medien der Glaubensunterweisung und für die Vermittlung konfessioneller Normen und Habitus war das Schulwesen in der Kooperation von Kirche und politischer Obrigkeit von entscheidender Bedeutung. Von langfristiger Bedeutung für die Kultur- und Bildungsgeschichte des Ruhrgebietes war die Förderung der Volksschulen, deren Errichtung von den evangelischen Kirchenordnungen vorgeschrieben waren. Die erste – und für lange Zeit auch einzige – Universität des Ruhrgebietes ist 1654/55 in Duisburg gegründet worden. Sie wurde von vielen Studenten der Region besucht, war allerdings reformiert geprägt, weshalb Lutheraner andere Universitäten vorzogen.

Pietismus, Aufklärung und Erweckungsbewegung

Als Gegenbewegungen zu den theologischen und religionspolitischen Verhärtungen des Konfessionalismus entstanden in der zweiten Hälfte des 17. und im 18. Jahrhundert der Pietismus und die Aufklärung. Das Anliegen des Pietismus, wie er von Philipp Jakob Spener (1635–1705) und August Hermann Francke (1663–1727) vertreten wurde, fand im Ruhrgebiet unter Pfarrern wie auch Laien Unterstützung. Am Niederrhein entwickelte sich der Pietismus in lutherischer und in reformierter Gestalt. Eine überregionale Ausstrahlung hatte der Prediger, Schriftsteller und Liederdichter Gerhard Tersteegen (1697–1769). Der bedeutendste Vertreter des

Siegel von Philipp Nicolai

Pietismus in Westfalen war Johann Friedrich Glaser (1686–1748), der 1733 Generalsuperintendent der Grafschaft Mark wurde. Dass sich nicht allein Pfarrer für den Pietismus engagierten, zeigt das Beispiel des Arztes Rüdiger von Westhoven (1645–1727), der in Hamm einen Kreis von Anhängern Franckes leitete und 1688 ein Armenhaus stiftete. In Dortmund waren es vor allem die Rektoren des städtischen Archigymnasiums, die zur Verbreitung des Pietismus beitrugen, allen voran Johann Georg Joch (1677–1731), der zugleich auch Superintendent war und gegen massiven Widerstand pietistische Konventikel organisierte. Seit den 1730er Jahren verbreitete sich in Westfalen auch die Herrnhuter Glaubensbewegung, die von Nikolaus Ludwig Graf von Zinzendorf (1700–1760) gegründet worden war.

Westfalen und das Rheinland gehörten nicht zu den Gebieten, in denen Gedanken der Aufklärung besonders stark verbreitet wurden, zumal intellektuelle Zentren fehlten und das Bildungsbürgertum keine große Rolle spielte. Allerdings entfaltete sich auch hier ein Zeitungs- und Zeitschriftenwesen, das zu einem wichtigen Medium aufklärerischer Ideale wurde. So erschienen die »Intelligenzblätter«, die es seit 1727 in Preußen gab, auch in Duisburg, und in Dortmund gab Arnold Mallinckrodt (1768–1825) bedeutende Zeitschriften wie den »Westfälischen Anzeiger« heraus. Auch Freimaurerlogen traten ab den 1780er Jahren in einzelnen westfälischen Städten wie Bochum, Hamm, Hagen und Schwelm in Erscheinung. Insgesamt dominierte jedoch ein voraufklärerisches, zum Teil magisches Denken, wobei Hexenverfolgungen, die daraus oft resultierten, im Ruhrgebiet mit Ausnahme der Region, die zum Herzogtum Westfalen gehörte, keine große Rolle spielten.

Die Säkularisation der geistlichen Herrschaftsgebiete im Rahmen der territorialen Neuordnung zur Zeit Napoleons hatte für den Protestantismus des Ruhrgebiets zur Folge, dass er mittel- und langfristig auch wieder in den Gebieten Fuß fassen konnte, aus denen Evangelische im Zuge der Gegenreformation vertrieben worden waren. Die Erweckungsbewegung, die als Reaktion auf die Französische Revolution und die napoleonischen Kriege in der Zeit zwischen 1816 und 1823 entstand und die unter dem Einfluss der Romantik eine Erneuerung der Frömmigkeit herbeiführen wollte, blieb in Westfalen auf Minden-Ravensberg und das Siegerland beschränkt, während der westfälische Teil des Ruhrgebietes davon nicht erfasst wurde, weil dort die Pfarrer dieser Bewegung, die von Laienpredigern angeführt wurde, zumeist ablehnend gegenüber standen.

Der Streit um die Union und die Rheinisch-Westfälische Kirchenordnung 1835

Nachdem Preußen 1814/15 auf dem Wiener Kongress das gesamte Rheinland und Westfalen zugesprochen worden waren, übernahm die Regierung in Berlin das landesherrliche Kirchenregiment für diese Kirchenprovinzen und begann mit deren Neuorganisation. Diesen Bestrebungen widersetzten sich aber die lutherische und die reformierte Kirche, die ihre Selbständigkeit bewahren wollten. Der Konflikt wurde noch durch das Bemühen des preußischen Königs Friedrich Wilhelm III. (*1770; reg. 1797–1840) verschärft, anlässlich des Reformationsjubiläums 1817 eine Union von Lutheranern und Reformierten herbeizuführen. Auf der Gesamtsynode der märkischen Kirchen, die im September 1817 in Hagen stattfand, wurden eine Vereinigung der lutherischen und reformierten Kirchen sowie die Errichtung unierter Kirchenkreise unter dem Vorbehalt beschlossen, dass im Gegenzug die presbyterial-synodale Ordnung anerkannt wurde. Theologische Kritik an den Unionsplänen des Königs, wie sie andernorts geltend gemacht wurde, kam im Ruhrgebiet nicht auf, was erkennen lässt, dass die konfessionellen Unterschiede hier kaum mehr ins Gewicht fielen. Neben den Regelungen der Besitzverhältnisse und Fragen zu der Organisation der zukünftigen Kirchenkreise erwies sich vor allem eine Einigung in der Abendmahlsliturgie als schwierig, und sie konnte letztlich auch nicht erreicht werden. Als der preußische König ab 1821 zu Zwangsmaßnahmen griff und die Einführung einer Unionsagende verordnete, wurde der Widerstand eher noch gestärkt, so dass der König sich genötigt sah, regionale Besonderheiten zu berücksichtigen, die in den Anhängen zu den Provinzialagenden zur Geltung kamen. Auf diese Weise entstand 1834 eine Agende für das Rheinland und Westfalen, die einen Anhang hatte, der auch von Reformierten akzeptiert werden konnte. Auch wenn damit längst nicht

Fortan gab es zwei Säulen, die presbyterial-synodale und die konsistoriale Ordnung.

alle Differenzen ausgeräumt waren und der Streit darüber andauerte, ob die Union lediglich als eine gemeinsame Verwaltung der evangelischen Kirche anzusehen oder aber in einem Lehr- und Bekenntniskonsens begründet sei, war doch der Weg bereitet für einen grundsätzlichen Kompromiss, wie er dann 1835 mit der Rheinisch-Westfälischen Kirchenordnung erzielt wurde. Fortan gab es zwei Säulen, die presbyterial-synodale und die konsistoriale Ordnung, so dass die staatliche Kirchenaufsicht durch das Konsistorium und den Generalsuperintendenten auf der einen Seite sowie eine kirchliche Selbstverwaltung in Form von Presbyterien und Synoden auf der anderen Seite nebeneinander bestanden, was in der Praxis zu Kompetenzstreitigkeiten führen konnte, bis zum Ende des landesherrlichen Kirchenregiments 1918/19 aber ohne tiefgreifende Konflikte funktionierte. ●

Überarbeitete und gekürzte Fassung des Textes, der als Einleitung zu der Publikation »Protestantische Profile. 500 Lebensbilder aus 5 Jahrhunderten«, hg. v. Michael Basse, Traugott Jähnichen und Harald Schroeter-Wittke, Kamen 2009, verfasst wurde.

▶ **PROF. DR. MICHAEL BASSE**
   ist Professor für Kirchen- und Theologiegeschichte am Institut für Evangelische Theologie der TU Dortmund.

Protestantismus im Ruhrgebiet

Zwischen Aufbruch, Krisen und Neuorientierungen –
der Ruhrgebietsprotestantismus seit der Zeit der Industrialisierung

VON TRAUGOTT JÄHNICHEN

D er Ruhrgebietsprotestantismus hat in der Zeit zwischen der Industrialisierung seit den späten 1840er Jahren bis zur Gegenwart immer wieder tiefgreifende Wandlungsprozesse erfahren. In einem ersten Schritt entwickelt sich die evangelische Kirche unter dem Eindruck eines vor allem durch Migration bedingten Bevölkerungsanstiegs und einer damit einhergehenden Urbanisierung der Region von einer behördlich geprägten Anstaltskirche zu einer Volkskirche mit einem weit verzeigten Vereinswesen. Dieses Modell gerät in der Zeit des Nationalsozialismus in eine Krise, nicht zuletzt deshalb, weil sich Teile des Vereinswesens als anfällig für

Von einer behördlich geprägten Anstaltskirche zu einer Volkskirche mit einem weit verzweigten Vereinswesen.

die deutsch-christlichen Syntheseversuche von Christentum und Nationalsozialismus erweisen. Die Bekennende Kirche, die im Ruhrgebiet einen starken Rückhalt besitzt, reagiert auf diese Situation mit einer Konzentration auf die Aufgabe der Verkündigung und auf das Leben der Kerngemeinde.

Nach 1945 lässt sich ein Prozess der Verkirchlichung feststellen. Viele Aufgabenfelder, die zuvor von freien Vereinen wahrgenommen worden sind,

werden von Pfarrern und anderen kirchlichen Dienstträgern übernommen. Es entstehen eine Vielzahl von Funktionspfarrstellen sowie neuartige kirchliche Projekte, mit denen der Protestantismus auf den Prozess der gesellschaftlichen Ausdifferenzierung reagiert. Gegenwärtig durchlebt der Ruhrgebietsprotestantismus aufgrund der demographischen Entwicklung sowie der abnehmenden kirchlichen Bindungen eine Erosion und es stellt sich in neuer Weise die Frage nach einer Transformation der kirchlichen Präsenz in der Region.

Wachstum und Erneuerung der evangelischen Kirche im Ruhrgebiet im Kontext der Industrialisierung der Region

Die Lebenswelt des Ruhrgebiets ist seit den 1840er, verstärkt seit den 1870er Jahren von einer rasanten Industrialisierung sowie einer schnell ansteigenden Bevölkerungsentwicklung geprägt. Da die Industrie insbesondere auf die Zuwanderung auswärtiger Arbeitskräfte angewiesen ist, entwickelt sich das Ruhrgebiet zu einer Einwanderungsregion. Vor Beginn der Industrialisierung im Jahr 1820 lebten im Ruhrgebiet etwa 270.000 Menschen, knapp 100 Jahre später sind es rund 3,5 Millionen Menschen. Eine solche Bevölkerungsentwicklung übertrifft die Zuwachsraten aller anderen deutschen Ballungsgebiete. Als größte Industrieregion Europas stellt das Ruhrgebiet bis heute primär eine wirtschaftliche Einheit dar. Trotz des wirtschaftlichen Aufschwungs seit der Mitte der 1870er Jahre bleibt die soziale Lage der Industriearbeiterschaft ungesi-

Militäreinsatz gegen streikende Bergarbeiter in Dortmund 1912

chert und beginnt sich erst seit der Mitte der 1890er Jahre zu stabilisieren. Die sozialen Probleme führen zu mehreren größeren Streikwellen, wobei die das gesamte Ruhrgebiet betreffenden Bergarbeiterstreiks von 1889, 1905 und 1912 sowie der Ruhreisenstreit von 1927 besonders markant gewesen sind.

Die Kirchengemeinden sehen sich zunächst vor das Problem gestellt, angesichts der rasch anwachsenden Zahl evangelischer Gemeindeglieder deren Integration in das kirchliche Leben zu organisieren. Viele Gemeinden wachsen unüberschaubar, so dass zum Teil mehr als zehn Pfarrer in einer Kirchengemeinde tätig sind und die Betreuung der Gemeindeglieder ungeregelt ist. Vor diesem Hintergrund wird das Ziel verfolgt, die Gemeinden in überschaubare Größen aufzugliedern und jedem Bezirk einen bestimmten Pfarrer zuzuordnen. Im Ruhrgebiet geschieht dies vor allem durch die Gründung vieler neuer Gemeinden, wodurch eine echte Gemeinschaft der Gemeindeglieder entstehen soll. Dazu entwickelt man neue kirchengemeindliche Aktivitäten, wie Kleinkinderschulen, Angebote der Jugendarbeit sowie ein hohes diakonisches Engagement (vgl. den Beitrag von Norbert Friedrich, ▶ S. 52–56). Die Pfarrer werden in diesem Prozess von hoheitlichen Amtspersonen zu Integrationsmanagern der vielen neu entstehenden Aktivitäten: »Aus verwalteten Pfarrstellen sollten durchstrukturierte Gemeinden mit öffentlichen Angeboten werden.«

In Ergänzung zu den Gemeindestrukturen entsteht das kirchliche Vereinswesen, etwa die zuerst 1882 in Gelsenkirchen gegründeten und schnell verbreiteten evangelischen Arbeitervereine und insbesondere seit der Jahrhundertwende die Vereine der Frauenhilfe. In einzelnen Gemeinden gelingt eine nahezu vollständige Integration der evangelischen Frauen, gerade auch in ausgesprochenen Arbeiterwohngebieten, so in einem Arbeiterviertel Bochums, wo ein im Jahr 1914 gegründeter Frauenverein in kurzer Zeit 550 Frauen, »so gut wie jede evgl. Frau unseres Bezirkes«, als Mitglied hat gewinnen können. Frauen spielen für die Kirchenbindung gerade

Aufforderung des Vereins für die bergbaulichen Interessen im Oberbergamtsbezirk Dortmund zur Wiederaufnahme der Arbeit, 13. Mai 1889

den 1870er Jahren eine allgegenwärtige Erfahrung. Einen starken Auftrieb erfährt das protestantische Selbstbewusstsein seit 1883, als anlässlich des 400. Geburtstages Luther als deutscher Heros in Konfrontation zum Katholizismus wie auch zur stärker werdenden Sozialdemokratie in das allgemeine Bewusstsein der Protestanten gerückt wird.

Vor dem Hintergrund des angespannten Verhältnisses zwischen den Konfessionen ist es umso überraschender, dass im Jahr 1894 im Ruhrgebiet eine christlich-interkonfessionelle Bergarbeitergewerkschaft gegründet wurde. Auslöser dieser Bestrebungen ist vor allem die sich verschärfende antireligiöse Polemik des sozialdemokratisch orientierten sogenannten »alten Verbandes«. Am 8. Juli 1894 veröffentlicht der katholische Bergarbeiter August Brust aus Essen einen Aufruf zur Gründung eines Gewerkvereins christlicher Bergleute, der auch an die evangelischen Arbeitervereine gerichtet ist. Die Gründungsversammlung am 26. August 1894 findet unter starker Beteiligung evangelischer Bergleute statt, wobei sich jedoch die katholischen Bergleute als die zahlenmäßig überlegene Kraft und auch in der Besetzung wichtiger Vorstandspositionen als dominierend erweisen. Dennoch entsteht mit der christlichen Gewerkschaftsbewegung eine erste interkonfessionelle Bewegung, deren Wurzeln im Ruhrgebiet liegen. Auch wenn sich das Verhältnis der Konfessionen nach wie vor spannungsreich darstellt, ist seit der Mitte der 1890er Jahre der Höhepunkt der konfessionellen Polemik überschritten.

Theologisch ist bei den meisten Pfarrern eine sozialkonservative, moderat reformorientierte Haltung nachweisbar. Sie engagieren sich für den Aufbau des Vereinswesens und stellen sich auf den durch die Industrialisierung geprägten Wandel der Lebenswelt ein. Das Ideal dieser Pfarrer kann dahingehend charakterisiert werden, dass sie eine Verbindung von sozialer Volkskirche und Monarchie anstreben. Dementsprechend engagieren sie sich für sozialpolitische Forderungen, welche im Rahmen des Bestehenden berechtigte Ansprüche der Arbeiterschaft sichern sollen.

in der Arbeiterschaft eine große Rolle, wie der Synodalbericht der Bochumer Kreissynode von 1913 beweist, der einen entscheidenden Grund für die Kirchlichkeit der Arbeiterschaft in »einer religiösen Scheu (begründet sieht), namentlich bei den Frauen …, welche das letzte Band mit der Kirche zu zerschneiden, auf Taufe und Konfirmation der Kinder und namentlich auf ein kirchliches Begräbnis zu verzichten, Bedenken tragen«.

Das sichtbarste Zeichen dieser Neukonstituierung der evangelischen Kirche im Ruhrgebiet ist eine enorme Bautätigkeit. Die neu entstandenen Kirchengemeinden errichten eigene Kirchen und oft auch Gemeindehäuser, die zum kommunikativen Mittelpunkt des Gemeindelebens werden. Die Bautätigkeit wird an vielen Orten durch Spenden von Unternehmen realisiert. Die Unternehmen bewerten ihre Unterstützung bei kirchlichen Bauvorhaben als einen Beitrag, den sozialen Desintegrationsprozessen – oft aber auch den Emanzipationsbestrebungen – der Arbeiterschaft durch ein breites Netz von Wohlfahrts- und im weitesten Sinn Sozialeinrichtungen entgegenzuwirken.

Wesentlich bedingt durch die Arbeitsmigration ist der konfessionelle Gegensatz im Ruhrgebiet seit

Demgegenüber spielen liberale Theologen im Ruhrgebiet lange Zeit kaum eine Rolle. Als prominenter Liberaler vor 1914 ist lediglich Gottfried Traub zu nennen, der seit 1901 als Pfarrer an der Dortmunder Reinoldi-Kirche und überregional im Rheinland und in Westfalen für den liberalen Protestantenverein gewirkt hat.

Fahne des Evangelischen Arbeiter- und Bürgervereins Gladbeck-Brauck, gegründet 1912

Der Kirchenkampf und seine Auswirkungen auf den Ruhrgebietsprotestantismus

Für den Ruhrgebietsprotestantismus bedeutet der Kirchenkampf eine Zäsur, da einerseits das Ruhrgebiet sehr früh ein Zentrum der sich im Laufe der Jahre 1933/34 herausbildenden »Bekennenden Kirche« (BK) wird und andererseits das kirchliche Vereinswesen auch aufgrund von Anpassungs- und Gleichschaltungstendenzen in eine Krise gerät.

In den kirchenpolitischen Wirren des Frühjahres 1933 verfasst eine kleine Gruppe von Ruhrgebietspfarrern unter Leitung von Hans Ehrenberg aus Bochum und Ludwig Steil aus Herne ein Bekenntnis zur Selbstklärung. Es wird zu Pfingsten 1933 als

»Wort und Bekenntnis westfälischer Pfarrer zur Stunde der Kirche und des Volkes« mit der Unterschrift von rund 100 Pfarrern veröffentlicht. Es enthält eine klare Absage an das Programm der Deutschen Christen (DC), aber auch eine Kritik der nationalsozialistischen Weltanschauung, indem es die Beschwörung des Volkstums als Schwärmerei verurteilt. Bemerkenswert ist ferner der frühe, theologisch begründete Widerspruch gegen jeden totalitären Anspruch des Staates.

Neben Herne und Bochum sind insbesondere die Synoden Dortmund und Essen weitere Schwerpunkte der BK im Ruhrgebiet. In Dortmund spielen die Pfarrer Karl Lücking und Fritz Heuner eine herausragende Rolle. Lücking organisiert 1934 in Dortmund die beiden großen Versammlungen zur Konstituierung der westfälischen BK und übernimmt in der Folgezeit die geschäftliche Leitung des westfälischen Bruderrates. Nach mehreren Hausdurchsuchungen wird die Geschäftsstelle schließlich im Juni 1938 von der Gestapo aufgelöst, die Mitarbeiter werden kurzfristig inhaftiert, während Lücking 111 Tage in Haft bleibt und nach seiner Freilassung nach Hinterpommern verbannt wird. Heuner amtiert seit 1934 als Superintendent der Dortmunder Bekenntnissynode und wird aufgrund der entschiedenen Verteidigung kirchlicher Positionen mehrfach inhaftiert und im Sommer 1938 aus Westfalen verbannt.

In den Jahren zwischen 1945 und 1950 sind die Kirchen gefüllt wie zu keiner Zeit während des 20. Jahrhunderts.

In Essen spielt Pfarrer Graeber eine besondere Rolle, der mit Hilfe seines Presbyters und Freundes Gustav Heinemann eine eigenständige freie Gemeinde gründet. Für die rheinische BK ist der Essener Pfarrer Heinrich Held auf regionaler wie auf überregionaler Ebene von hervorragender Bedeutung. Schließlich kann sich die kirchliche Jugendarbeit – so der CVJM im Essener Weigle-Haus unter Leitung von Wilhelm Busch, der westdeutsche Jungmännerbund unter Johannes Busch in Witten und der westfälische Provinzialverband weiblicher Jugend unter Pfarrer Steinsiek in Hagen – eine Eigenständigkeit bewahren.

Dennoch wird durch den Kirchenkampf das kirchliche Vereinswesen stark eingeschränkt. Viele Vereine sind von Verboten betroffen oder haben sich durch den freiwilligen Beitritt im Jahr 1933 zu dem von den DC dominierten Männer-, Frauen- und Jugendwerk der Deutschen Evangelischen Kirche

gleichschalten lassen. Eine weitere Einschränkung der kirchlichen Arbeit bedeutet das in den Jahren 1935/36 forcierte Programm zur sogenannten Entkonfessionalisierung des öffentlichen Lebens, mit dem der NS-Staat versucht, die Geistlichen auf religiöse Aufgaben im engeren Sinn zu beschränken.

Die Situation im Ruhrgebiet verschärft sich darüber hinaus durch die weitgehende Zerstörung der städtischen und auch der kirchlichen Infrastruktur seit den schweren Luftangriffen im Sommer 1943. Unter den Kriegsbedingungen mit der Evakuierung von Kindern, Jugendlichen und auch jüngeren Frauen ist an eine geordnete Tätigkeit in den Kirchengemeinden kaum mehr zu denken. Häufig halten Pfarrfrauen und Vikarinnen die seelsorgerliche Arbeit in den Gemeinden aufrecht. Ferner bemüht man sich, regelmäßig an Sonn- und Feiertagen Gottesdienste abzuhalten. Von größerer Bedeutung – nicht zuletzt im Blick auf die Öffentlichkeit – wird die Durchführung der Beerdigungen von Kriegsopfern. Während nach den ersten Bombenangriffen Vertreter der NSDAP bei Trauerfeiern präsent sind und mit ihren Ansprachen und Symbolen häufig in eine offene Konkurrenz zur kirchlichen Trauerfeier zu treten versuchen, ändert sich in den letzten beiden Kriegsjahren die Situation. Die Partei tritt immer seltener bei Trauerfeiern in Erscheinung, während die Angehörigen bei den Geistlichen um Beistand nachsuchen und hier Trost zu finden hoffen.

Bei Kriegsende gehören die Kirchen zu den wenigen handlungsfähigen Institutionen in Deutschland. Daher werden sie in den ersten Monaten nach Kriegsende zu den wichtigsten Ansprechpartnern der Alliierten. Als sehr bald auch erste Hilfslieferungen von ausländischen Kirchen eintreffen, können sie sich in der Bevölkerung durch unmittelbare Hilfsaktionen profilieren. Mindestens ebenso wichtig ist die geistliche Orientierung der Kirchen angesichts der Leere nach dem Untergang des Nationalsozialismus. In den Jahren zwischen 1945 und 1950 sind die Kirchen gefüllt wie zu keiner Zeit während des 20. Jahrhunderts. Es werden viele Nachkonfirmierungen durchgeführt und ein Großteil der während der NS-Zeit aus den Kirchen ausgetretenen Menschen begehrt den Wiedereintritt.

»Verkirchlichung« und Neuaufbrüche des Ruhrgebietsprotestantismus nach 1945

Sehr rasch beginnt die Neuordnung des kirchlichen Lebens, wobei die BK-Pfarrer und -Laien weitgehend die Kirchenleitungen übernehmen. Kaum noch eine Rolle spielt dagegen das kirchliche Vereinswesen. In den Kirchenordnungen werden Vereine als Randphänomene berücksichtigt, denen eine untergeordnete, auf die Gemeinde bezogene Funktion zugewiesen wird. Die Wiederaufnahme einzelner Bereiche der Vereinsarbeit, so etwa die der evangelischen Arbeitervereine, bleibt weitgehend ohne Unterstützung der Pfarrerschaft und gelingt nur in eingeschränkter Weise. In dieser Hinsicht lässt sich im Blick auf den Neuaufbau der evangelischen Kirche nach 1945 der Eindruck einer »Verkirchlichung« kaum von der Hand weisen.

In den Jahren zwischen Kriegsende und 1960 wächst die Ruhrgebietsbevölkerung noch einmal stark an. Während die Bevölkerungszahl im Krieg zurückgegangen ist und bei Kriegsende weniger als 4 Millionen Menschen hier gelebt haben, erreicht sie im Jahr 1960 mit 5,5 Millionen Menschen den höchsten Wert, den sie je hatte. In der unmittelbaren Nachkriegszeit sind es vor allem Flüchtlinge aus den ehemaligen deutschen Ostgebieten, von denen ein beträchtlicher Teil hofft, sich im Ruhrgebiet ein neues Leben aufbauen zu können. Die Kirchen erweisen sich als Integrationsnetzwerke von hoher Bedeutung. Nach den Flüchtlingen aus den Ostgebieten werden in den 1950er Jahren erneut Arbeitskräfte für die Montanindustrie des Ruhrgebiets angeworben, zunächst vor allem aus der DDR und seit Mitte der 50er Jahre ausländische Arbeitskräfte. Neben diesen Zuwanderern sorgt die demographische Entwicklung für den schnellen Bevölkerungsanstieg in den 1950er Jahren.

Apostelkirche Gelsenkirchen-Buer: Die Bergleute des Bergwerks Hugo/ Consolidation ernannten die Kirche 1997 zur »Kirche der Solidarität« in Anerkennung der Unterstützung der Kirchengemeinde im Kampf gegen die Schließung der Zeche

Wie bereits vor 1914 reagieren die Kirchen auf diesen Bevölkerungsanstieg mit vielen GemeindeNeugründungen, flankiert durch eine umfangreiche Bautätigkeit. Neben den Kirchbauten gewinnt in jener Zeit der Bau von Gemeindezentren eine immer größere Bedeutung und ersetzt zum Teil die Kirchen, da diese Zentren einerseits die Anforderungen des Zweckbaus erfüllen, gleichzeitig aber auch für kirchliche Feiern und speziell für Gottesdienste genutzt werden können.

Mit dem Beginn der ersten Kohlekrise im Jahr 1958 setzt der Strukturwandel im Ruhrgebiet mit einem lang andauernden Abschied von der Montanindustrie ein. Dieser Strukturwandel ist gegen den

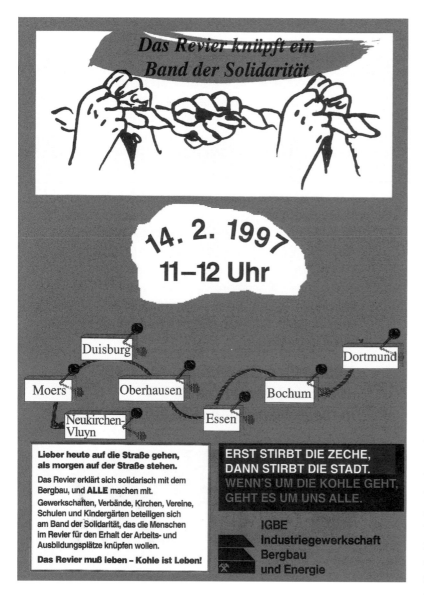

Plakat der IG Bergbau und Energie 1997

Als gänzlich neuer Trend setzt in den späten 1970er Jahren ein Rückgang der Bevölkerung im Ruhrgebiet insgesamt und insbesondere der Mitglieder in den evangelischen Kirchen ein. Überblickt man den größeren Zeitraum von 1970 bis zur Gegenwart, ist nahezu eine Halbierung der evangelischen Gemeindegliederzahlen im Ruhrgebiet festzustellen. Mehrere Faktoren sind hierfür ausschlaggebend: Neben dem negativen Saldo von Aus- und Eintritten sind allgemein demographische Entwicklungen anzuführen, neben einer höheren Sterblichkeit und Abwanderungen in das Umland. Diese Faktoren verursachen die neue Herausforderung, die in den letzten Jahrzehnten aufgebauten Gemeindestrukturen nunmehr der rückläufigen Entwicklung anzupassen und zurückzubauen.

Trotz dieser Situation ist der Ruhrgebietsprotestantismus nach wie vor von einer erstaunlichen Innovationsfähigkeit geprägt. Innovative Projekte werden vor allem im Kulturbereich, in den Projekten zum gemeinsamen Leben mit ausländischen Mitbürgern sowie in der Diakonie (▶ S. 52–56) entwickelt. Die kirchlichen Kulturprojekte konzentrieren sich zum einen auf einzelne Innenstadtkirchen, die kaum noch von Gemeinden genutzt werden. In der Essener Innenstadt ist es die Marktkirche, welche für die Stadtkirchenarbeit zur Verfügung steht. Schwerpunkt dieser Arbeit sind die Organisation von Kunstausstellungen, Konzerten sowie öffentliche Vortrags- und Diskussionsveranstaltungen. Ähnliche Projekte sind in Dortmund und Bochum entwickelt worden. Zum anderen haben aktive Gemeindeglieder für viele Kirchen, die aufgrund des Bevölkerungsrückgangs entwidmet werden mussten, alternative Nutzungskonzepte entwickelt. Als herausgehobenes Projekt ist hier das Martin Luther Forum Ruhr in Gladbeck zu nennen, das in der ehemaligen Markuskirche eine Dauerausstellung zum Ruhrgebietsprotestantismus eingerichtet hat und ferner ein breit gefächertes Kultur- und Vortragsangebot entwickelt.

In der Einwanderungsregion Ruhrgebiet besteht eine lange Tradition der Integration. Eine besondere Herausforderung stellen die seit Mitte der 1950er

Widerstand der Belegschaften und der großen Mehrheit der Ruhrgebietsbevölkerung durchgesetzt worden. Die evangelische Kirche im Ruhrgebiet hat diesen Prozess des Wandels begleitet, sich für das Ruhrgebiet engagiert und dabei ihren Platz – so die Ruhrgebietssuperintendenten – »an der Seite der von diesen Prozessen verunsicherten Menschen« gesehen. In den meisten Fällen haben sich bei angekündigten Zechenschließungen wie auch bei angedrohten Schließungen der Stahlwerke die Ortsgemeinden und ihre Pfarrer – zumeist auch die Kreissynoden – mit den von Betriebsschließungen bedrohten Belegschaften solidarisiert. Durch diese breite Unterstützung ist es gelungen, eine breite Öffentlichkeit auch über das Ruhrgebiet hinaus zu mobilisieren, um den Strukturwandel möglichst sozialverträglich zu gestalten.

Tafel an der Apostel-
kirche Gelsenkirchen-
Buer

Jahre angeworbenen Arbeitsmigranten dar, was wesentlich dazu beigetragen hat, dass der ausländische Bevölkerungsanteil z. B. in Duisburg mehr als 15 % beträgt, in den übrigen großen Städten des Ruhrgebiets liegt diese Rate zwischen 11 und 14 %. Knapp 40 % von ihnen sind Muslime, wobei die lokale Verteilung höchst ungleich ist und in einzelnen Stadtteilen bei über 50 % liegt. Diese Situation hat zu einer Vielzahl von christlich-muslimischen Begegnungsinitiativen im Ruhrgebiet geführt. An verschiedenen Orten ist ein intensives Dialogprogramm entstanden, so in Marl, wo seit 1985 eine christlich-islamische Arbeitsgemeinschaft existiert, die gemeinsame sozialpolitische Anliegen der Bevölkerung thematisiert, darüber hinaus auch gemeinsame Feiern und vor allem eine Würdigung der Feste der beiden Religionen in den Mittelpunkt ihrer Arbeit stellt.

Ausblick

Wie der Überblick über neuere Formen kirchlicher Aktivitäten zeigt, werden in den Gemeinden und Kirchenkreisen des Ruhrgebiets die aktuellen Herausforderungen engagiert aufgegriffen. Trotz mancher Krisenerscheinungen bleibt die volkskirchliche Struktur der verlässliche Rahmen kirchlichen Handelns, wenngleich die Notwendigkeit des Rück-

baus von Gemeinden und Arbeitsfeldern als schmerzlicher Einschnitt erlebt wird. Nach rund einem Jahrhundert des rasanten Wachstums ist das Ruhrgebiet gegenwärtig von einem schleichenden Erosionsprozess geprägt. Vermutlich stellt diese Form des Wandels deutlich höhere Ansprüche an die Betroffenen. Der Ruhrgebietsprotestantismus steht vor der Aufgabe, auch diese Herausforderung zu gestalten und durch Verkündigung, Seelsorge, Diakonie sowie Bildungs- und Kulturangebote die Botschaft des Evangeliums für die Menschen des Ruhrgebiets zu konkretisieren.   ●

▶ **PROF. DR. TRAUGOTT JÄHNICHEN**
   ist Professor für christliche Gesellschaftslehre an der Evangelisch-Theologischen Fakultät der Ruhr-Universität Bochum und Mitglied der Kirchenleitung der Evangelischen Kirche von Westfalen (EKvW).

Reformation in Dortmund

VON MICHAEL BASSE

In Dortmund, der einzigen freien Reichsstadt der Region, sind schon in den 1520er Jahren erste Einflüsse der Wittenberger Reformation zu verzeichnen, aber der endgültige Übergang zur Reformation zog sich wegen der besonderen politischen Gegebenheiten in der Stadt noch länger hin. In der frühen reformatorischen Bewegung Dortmunds standen antiklerikale Interessen im Vordergrund, insofern die Handwerker, die in Zünften organisiert waren, wie auch das Gildebürgertum danach strebten, die wirtschaftliche Konkurrenz der privilegierten Geistlichen zu beseitigen. Nach dem Bericht des städtischen Chronisten Dietrich Westhoff (1509–1551) kam erst 1527 die Forderung auf, neue Prediger zu berufen, die das Evangelium im reformatorischen Sinne verkünden sollten, was der städtische Magistrat jedoch ablehnte. Als dann 1532 eine neue Kirchenordnung für das benachbarte Herzogtum Jülich-Kleve-Berg verabschiedet wurde und sich zur gleichen Zeit die Reformation in Soest durchsetzte, wurde im Rat der Stadt Dortmund erneut die Forderung nach einer biblisch fundierten Predigt erhoben, ohne damit jedoch eine konfessionelle Festlegung im Sinne der lutherischen Reformation zu verknüpfen. Der Magistrat kam dieser Forderung zunächst nach, stellte aber zugleich sicher, dass die Kirchen der Stadt katholisch blieben. Diese konservative Haltung war auch eine Reaktion auf die Unruhen, die das Münsteraner Täuferreich in der Region hervorriefen, wodurch aus Dortmunder Sicht die außenpolitische Sicherheit der Reichsstadt bedroht wurde. Religionspolitisch orientierte sich der Rat in der Folgezeit nach dem Vorbild des Herzogtums Jülich-Kleve-Berg an dem »Mittelweg« eines humanistischen Reformprogramms, das ab 1539 insbesondere im Dortmunder Schulwesen verwirklicht wurde. Einer der bedeutendsten Gelehrten war Jakob Schöpper († 1554), der als Prediger zunächst an der Petrikirche und dann an der Marienkirche wirkte und für die religiöse Erziehung der Schüler einen lateinischen Katechismus verfasste, der vom Geist des humanistischen Reformkatholizismus geprägt war.

Dieser Linie blieb auch das 1554 in niederdeutscher Sprache verfasste Dortmunder Kollektenbuch treu, das nur behutsame Änderungen der Liturgie vornahm und die dogmatischen Grundlagen der mittelalterlichen Kirche nicht in Frage stellte, auch wenn das Abendmahl unter beiderlei Gestalt gestattet und dessen Opfercharakter nicht mehr erwähnt wurde.

Eine neue Initiative zur Durchsetzung der Reformation ging von Johannes Heitfeld († nach 1568) aus, der seit 1554 als Prediger an der Marienkirche wirkte. Als dieser jedoch 1556 das Abendmahl unter beiderlei Gestalt austeilte und dabei gegen die katholische Abendmahlslehre predigte, kam es zu gewaltsamen Ausschreitungen, weswegen Heitfeld schließlich aus der Stadt verwiesen wurde. Er nahm aber von Wesel aus weiterhin Einfluss auf die Entwicklung in Dortmund, ebenso wie der westfälische Reformator und Chronist Hermann Hamelmann (1526–1595), ehemals selbst Schüler des 1543 gegründeten Archigymnasiums, der die protestantische Bewegung Dortmunds mit Flugschriften und Eingaben an den Rat unterstützte und mit seinem früheren Lehrer Jakob Schöpper eine öffentliche Disputation über die Priesterehe und die Abendmahlslehre führte. Der Augsburger Religionsfriede 1555 vermochte die Situation in Dortmund nicht zu entspannen, vielmehr sah der Rat der Stadt die eigene Position gestärkt, zumal die Pfarrkirchen immer noch in katholischer Hand waren. Der religiöse Konflikt verschärfte sich mit den finanziellen Nöten der Stadt und der sozialen Polarisierung zwischen den Patriziern auf der einen Seite, die weiterhin von den Pfründen profitieren wollten und deshalb die Position der Gegenreformation einnahmen, und dem Gildebürgertum sowie der »Honoratioren-Elite« des Bildungsbürgertums auf der anderen Seite, die die Interessen der Protestanten vertraten. In den folgenden Jahren kam es zu einem Wechsel in der sozialen Zusammensetzung des Magistrats und mit der Ausbreitung der Reformation in der Bürgerschaft ging auch eine Zunahme evangelischer Pfarrer einher. Die Konsequenz der evangelischen

Bewohner Dortmunds, die einfach die Gottesdienste der benachbarten Gemeinden in Brakel, Aplerbeck und Derne besuchten, erhöhte zudem den Entscheidungsdruck auf den Rat der Stadt. 1562 ordnete dieser schließlich nach einer Eingabe von lutherisch gesinnten Bürgern und Pfarrern an, dass das Abendmahl in den Kirchen der Stadt unter beiderlei Gestalt ausgeteilt werden könne, wenn die Gemeinde das wünsche. Zwei Jahre später wurde in Dortmund ein erstes lutherisches Gesang- und Gebetbuch eingeführt und 1566 die Elevation, d. h. der katholische Ritus der Erhebung der Hostie und des Kelchs, abgeschafft. Im Jahr 1570 erfolgte der endgültige Übergang zur Reformation, als die Pfarrer der Stadt auf Ersuchen des Magistrats ein Glaubensbekenntnis vorlegten, dessen Abendmahlslehre auf dem Augsburger Bekenntnis von 1530 basierte. Das Religionsedikt, das der Magistrat daraufhin erließ, richtete sich insbesondere gegen die Calvinisten und brachte mit dieser innerprotestantischen Abgrenzung die allgemeinen Tendenzen eines zunehmenden Konfessionalismus zur Geltung. Die Einführung der Reformation in Dortmund entsprach dem auch in anderen deutschen Städten – vor allem im Nordwesten des Reiches – verbreiteten Typus der »Bürger-« bzw. »Gemeindereformation«. Das Kirchenregiment wurde fortan vom Rat der Stadt ausgeübt, mit dem Recht der Pfarrerwahl konnte aber die gesamte Bürgerschaft Dortmunds auf die religiöse Entwicklung Einfluss nehmen.

Gemäß den Bestimmungen des Augsburger Religionsfriedens, wonach in den Reichsstädten eine Koexistenz von Lutheranern und Katholiken möglich sein sollte, konnte sich auch nach dem Übergang Dortmunds zur Reformation eine katholische Minderheit halten. Deren Seelsorge übernahmen nun die Klöster, die weiterhin existierten. 1616 erhielt der Minoritenorden das Pfarrrecht. Dass die Einführung der Reformation in Dortmund keinen vollständigen Bruch mit jenen Traditionen bedeutete, die im Mittelalter die religiöse und gesellschaftliche Identität der Stadt markiert hatten, lässt sich unter anderem daran ablesen, dass weiterhin die Marienfeiertage begangen wurden und die Reliquien des Stadtheiligen Reinoldus in der Reinoldi-Kirche aufbewahrt blieben. Zu Beginn des 17. Jahrhunderts unternahmen die Minoriten mit einer Klage vor dem kaiserlichen Reichshofrat den Versuch, die Reformation rückgängig zu machen, indem sie argumentierten, dass der Status quo nach dem Augsburger Religionsfrieden nicht mehr hätte verändert werden dürfen und die Protestanten des-

Die St. Reinoldi-Kirche Dortmund heute

halb die städtischen Schulen und Kirchen zurückgeben müssten. Mit dem Verlauf des Dreißigjährigen Krieges und dem Abschluss des Westfälischen Friedens 1648 war jedoch eine Revision der konfessionellen und kirchenpolitischen Verhältnisse in Dortmund nicht mehr möglich. Eine grundlegende Veränderung in der konfessionellen Zusammensetzung der Bevölkerung Dortmunds ergab sich danach erst wieder im Zuge der Industrialisierung des 19. Jahrhunderts durch den Zuzug katholischer Arbeiter und ihrer Familien.

In der Erinnerungskultur der Stadt Dortmund wurden Reformationsjubiläen im 18. und 19. Jahrhundert nur dann gefeiert, wenn sie eine überregionale Bedeutung für den Protestantismus hatten – wie die Jahrestage des Thesenanschlags und des Augsburger Bekenntnisses oder die Feiern zu Luthers Geburtstag –, während die lokale Reformationsgeschichte Dortmunds im Unterschied zu Essen erst seit den 1960er Jahren ins öffentliche Bewusstsein rückte.   ●

Reformation in Essen

Bürgerschaft und Rat gegen die Fürstäbtissin

VON MARCEL NIEDEN

Die ersten Anstöße zur Essener Reformation kamen aus der Bürgerschaft. Bereits im Spätmittelalter hatte es aus den Kreisen der Bürger immer wieder Kritik am Klerus gegeben. Angeregt durch die reformatorischen Vorgänge des Umfelds erwuchs aus diesen Stimmen des Protests um die Mitte des 16. Jahrhunderts eine Bürgerbewegung, die zunehmend reformatorisches Profil gewann, den anfangs zögerlichen Magistrat auf ihre Seite brachte und die evangelische Predigt in der Stadt schließlich durchsetzte.

> Aus den Stimmen des Protests erwuchs um die Mitte des 16. Jahrhunderts eine Bürgerbewegung, die zunehmend reformatorisches Profil gewann.

Im Unterschied zu den Nachbarstädten Duisburg und Dortmund war Essen Teil eines geistlichen Fürstentums, an dessen Spitze die Äbtissin des Essener Kanonissenstifts stand. Kaiser Karl IV. hatte der Stadt zwar 1377 die Reichsunmittelbarkeit bescheinigt, sie aber zugleich unter die Landesherrschaft der Äbtissin gewiesen. Das spannungsvolle kaiserliche Privileg beschwor einen heftigen, letztlich bis zum Ende des Alten Reiches andauernden Konflikt zwischen Stift und Stadt herauf: Die Fürstäbtissin bestand gegenüber der Stadt auf ihren landesherrlichen Rechten, die Stadt wiederum reklamierte für sich den Status einer Reichsstadt und suchte den politischen Einfluss der Äbtissin zurückzudrängen. Die reformatorische Bewegung geriet schnell in den Sog dieses Konfliktes hinein. Ihre Durchsetzung verdankt sie nicht zuletzt der Tatsache, dass sich der Rat vom Konfessionswechsel Vorteile in der politischen Auseinandersetzung mit der Äbtissin versprach.

Die Ereignisse um Martin Luther hinterließen in Stadt und Stift Essen zunächst keine tieferen Spuren. In den 30er und 40er Jahren des 16. Jahrhunderts häuften sich freilich die Unmutsäußerungen der Essener Bürger über den geringen Diensteifer und den anstößigen Lebenswandel der Geistlichen. Als im Jahr 1543 an der Stadtkirche St. Gertrud, der heutigen Marktkirche, ein Pfarrerwechsel anstand und das Kapitel der Stiftsgeistlichen, welches das Stellenbesetzungsrecht innehatte, einen Dominikanertheologen berief, erhob sich eine Welle des Protests. Die Bürger beklagten sich beim Kapitel, dass der neue Pfarrer unverständlich predige und sich in seinem Dienst ungeschickt verhalte. Vor allem empörte man sich über die Neuerung, dass erstmals ein Ordensgeistlicher als Stadtpfarrer amtieren sollte. Man forderte an seiner Stelle die Zulassung eines offenbar heimlich angeworbenen Prädikanten. Als die Stiftsgeistlichen, aber auch der Rat der Stadt dies ablehnten, drangen die aufgebrachten Bürger ins Rathaus ein, schlossen die Ratsherren im Sitzungsraum ein und erzwangen so die probeweise Anstellung des Prädikanten durch den Rat. Da dieser sich in seinem Predigt- und Seelsorgedienst jedoch als untauglich erwies, wurde er wieder entlassen. Dass hinter der Prädikantendurchsetzung aufseiten der Bürgerschaft nicht nur der Wunsch nach einer verständlicheren Predigtweise, sondern auch nach anderen Predigtinhalten stand, wird aus einem Mandat des Reichskammergerichts ersichtlich, das den Essenern im Blick auf die bereits der Reformation zugefallenen Städte Soest und Wesel vorwarf, »euch diesen Städten gleich im Evangelium zu halten.« Für das Interesse an einer evangelischen Predigt spricht auch die Tatsache, dass sich die Bürger schon bald nach dem Scheitern des ersten, von ihnen durchgesetzten Prädikanten in Bonn um einen Nachfolger bemühten. In der Stadt am Rhein verdichteten sich damals unter Martin Bucer und Philipp Melanchthon die konzeptionellen Vorbereitungen zur Einführung der Reformation in Kurköln unter Erzbischof Hermann von Wied.

Der politische Schirmherr des Stifts und der Stadt Essen, Herzog Wilhelm V. von Jülich-Kleve-Berg, verfolgte zu Beginn der 40er Jahre gleichfalls eine reformfreundliche kirchenpolitische Linie, ohne sich freilich vom bisherigen Kirchentum loszusagen und konsequent ins reformatorische Lager einzuschwenken. Indes brachte der 1543 geschlossene Friede zu Venlo die reformatorischen Bestrebungen rasch wieder zum Erliegen. Herzog Wilhelm V. musste sich gegenüber dem Kaiser zu einer Stillhaltepolitik verpflichten und versprechen, jedes weitere Vordringen der Reformation zu unterbinden. Erst mit dem Augsburger Religionsfrieden von 1555 kam wieder Bewegung in die Essener Verhältnisse. Der Augsburger Abschied gestand den weltlichen Obrigkeiten das »Recht zur Reformation« (ius reformandi) zu. Diese Option sollte der Rat sehr bald für sich beanspruchen.

1554 erklangen in Duisburg erstmals deutsche Lieder im Gottesdienst. Angeregt durch die Vorgänge in der Nachbarstadt, begannen auch die Essener Bürger im Weihnachtsgottesdienst des Jahres 1560, deutsche Lieder in der Gertrudiskirche zu singen. Anders als im Jahr 1543 reagierte der Rat nun nicht mehr ablehnend, sondern ging auf die bürgerliche Neuerung vorsichtig ein und versuchte, die Reformbestrebungen zu kanalisieren. Damit war ein neuer religionspolitischer Kurs eingeschlagen. Bereits ein knappes Jahr später bat der Rat einen Prediger um die Vermittlung und Durchsetzung einer Kirchenordnung, zu dem der Ratsherr Heinrich von Aachen den Kontakt hergestellt hatte: Heinrich Barenbroch, gebürtig aus Kempen, damals Pfarrer in Bacharach am Rhein. Die Absicht, mit seiner Hilfe eine unverkennbar lutherische Kirchenordnung in der Stadt Essen einzuführen – die Pfalz-Zweibrückener Kirchenordnung von 1557 –, war ein Affront gegen den Herzog, dessen Ordnung sich die Stadt unterstellt hatte. Dem klevischen Versuch, einer behutsamen katholischen Reform wollte man offensichtlich nicht mehr folgen. Jetzt suchte man den Anschluss an das Luthertum.

Allerdings sollte es noch drei Jahre dauern, bis Barenbroch in Essen erscheinen konnte. Die Bürgerschaft drängte indes zu weiteren Schritten. Ostern 1562 begehrte sie die Wiedereinführung des Abend-

Einband der Confessio Augustana 1540, Klosterkammer Hannover

Zeitgenössische Darstellung der Gertrudiskirche/ Marktkirche auf der »Kreuzabnahme« von Barthel Bruyn, Hochaltar der Stiftskirche, jetzt Johanniskirche, Essen, 1522–1525

Die Äbtissin hatte wegen der Unruhen in der Stadt schon zuvor Protest beim Kölner Erzbischof und bei Herzog Wilhelm V. eingelegt, der Rat wiederum in einem apologetischen Schreiben an den Herzog die Interessen der Bürgerschaft verteidigt. Zur Vermeidung des sich anbahnenden Religionskonfliktes hatte schließlich der Kaiser höchstselbst die Bildung einer Kommission angeordnet. Das Gremium aus stiftischen und herzoglichen Räten auf der einen sowie den Räten und Bürgermeistern der Stadt Essen auf der anderen Seite sollte nach einer einvernehmlichen Lösung suchen. Allein, der Kompromiss war nicht mehr möglich. Die Räte schlossen sich am 1. Oktober 1563, noch bevor die Kommission ihre Arbeit aufnehmen konnte, notariell beglaubigt dem Augsburgischen Bekenntnis (Confessio Augustana) von 1530 an. Als der Rat die Bürger wenige Tage später, am 26. Oktober, offiziell aufforderte, ihren Glauben zu bekennen, berieten sich die Bürger kurz und antworteten dann, dass sie an diesem Bekenntnis festhalten wollten, sonst aber bereit seien, dem Herzog in allem zu folgen. Damit hatten sich in der Stadt Essen Rat und Bürgerschaft erstmals offiziell auf den Boden des Luthertums gestellt. Gesichert war die Reformation indes noch nicht. Als Herzog Wilhelm V. der Stadt jegliche Neuerung in der Religion untersagte, entlud sich die Wut der Bürger in der Frühmesse am Martinstag des Jahres 1563. Die Bürger übersangen die lateinische Liturgie lautstark mit deutschen Kirchenliedern, hinderten Pfarrer Saldenberg am Betreten der Kanzel und trieben ihn schließlich gewaltsam aus der Gertrudiskirche hinaus. Der Herzog bestand auf der Entlassung Barenbrochs und sandte an seiner Stelle den Prediger Caspar Isselburg, der die Wogen glätten sollte, zeigte aber im Übrigen nur noch wenig Bereitschaft zu einem weitergehenden Engagement im Essener Religionskonflikt. Da auch der Kaiser nicht willens war einzugreifen, hatten Rat und Bürger ab 1564 in der Religionspolitik faktisch freie

mahls in beiderlei Gestalt – eine Praxis, die von der Äbtissin zwischenzeitlich geduldet worden war, vom damaligen Stadtpfarrer Heinrich Saldenberg jedoch strikt abgelehnt wurde. Als Saldenberg der österlichen Gottesdienstgemeinde den Kelch verweigerte, kam es zu Unruhen in der Bürgerschaft. Viele blieben nun ihrerseits für längere Zeit dem Altarsakrament fern. 1563 traf Heinrich Barenbroch endlich in der Stadt ein und feierte am 28. April zunächst in der Kapelle des Heilig-Geist-Spitals einen Predigtgottesdienst und am darauffolgenden Sonntag in der Stadtkirche St. Gertrud unter großer Beteiligung der Stadtbevölkerung einen Gottesdienst mit Abendmahl in beiderlei Gestalt.

Hand. Nach mehreren Kurzaufenthalten kam Heinrich Barenbroch im Jahr 1572 schließlich dauerhaft in die Stadt. Der Rat hatte bereits 1571 in elf Predigerartikeln die lutherische Linie festgeschrieben. Trotz seines mehrfach unterbrochenen, geradezu sporadischen Wirkens in den Jahren 1563 bis 1572 war es Barenbroch gelungen, sowohl die spontanen reformatorischen Erneuerungsimpulse der Essener Bürgerschaft in lutherische Bahnen zu lenken als auch ein Auseinanderfallen der jungen evangelischen Gemeinde zu verhindern und sie gegen Rekatholisierungsversuche zu stabilisieren. Insofern kann man ihn mit einem gewissen Recht als »Reformator Essens« bezeichnen. •

▶ **PROF. DR. MARCEL NIEDEN**
ist Professor für Evangelische Theologie mit dem Schwerpunkt Historische Theologie an der Fakultät für Geisteswissenschaften der Universität Duisburg-Essen.

Reformation in Duisburg

Der Rat der Stadt als treibende Kraft

—

VON MARCEL NIEDEN

Die alte Handelsstadt Duisburg hatte zu Beginn des 16. Jahrhunderts ihre reichsstädtische Selbständigkeit zwar schon lange eingebüßt, besaß aber aufgrund ihrer Geschichte und Größe, ähnlich wie Wesel, unter den Landstädten des Herzogtums Kleve eine privilegierte Stellung, die ihr einen gewissen kirchenpolitischen Gestaltungsspielraum eröffnete.

1532/33 hatte Herzog Johann III. eine Kirchenordnung erlassen, die im Geist des Erasmus von Rotterdam auf der Predigt des »heiligen Evangeliums« bestand, aber jede Veränderung in der Sakramentsverwaltung, im Gottesdienst und in den »Zeremonien« ablehnte. Sie war Ausdruck eines von ihm und wohl auch von seinem Nachfolger, Herzog Wolfgang V., verfolgten reformkatholischen Sonderwegs, der einen Ausgleich zwischen den Konfessionsparteien versuchte, indem er wichtige reformatorische Anliegen aufnahm, ohne das bisherige Kirchenwesen in Frage zu stellen. Von diesem vorgegebenen herzoglichen Kurs sagte sich der Duisburger Rat langsam, aber konsequent los und führte die Reformation in der Stadt durch. Eine reformatorische Führungspersönlichkeit, gleichsam einen Reformator Duisburgs zu benennen, fällt schwer. Aus der Zahl der in den spärlichen Quellen nur bedingt greifbaren politischen und kirchlichen Akteure ragt keine Figur hervor, die das Geschehen in Richtung Reformation federführend vorangetrieben hätte. Im Grunde war es das Kollektiv des Rates, das, wenngleich nicht immer einstimmig, so doch mehrheitlich und mit einer gewissen Konsequenz, den kirchlichen Wandel suchte und in Duisburg schließlich durchzusetzen vermochte.

Eine besondere Rolle bei der Einführung der Reformation spielten die beiden großen Kirchen der Stadt, die Salvator- und die Marienkirche. Beide wurden von geistlichen Ritterorden betreut, die in Duisburg mit kleinen Niederlassungen vertreten waren. In der Kirche St. Salvator bestellte der Deutsche Orden die Pfarrer; in der Marienkirche lag das Patronatsrecht bei den Johannitern. Wie in Wesel vermochte auch der Rat in Duisburg über die Besetzung der Pfarrstellen an den wichtigsten Kirchen der Stadt nicht zu verfügen.

Das Verhältnis des Rates zu den beiden Ordensniederlassungen blieb nicht ohne Spannungen, doch zeigten sich die Räte zu manchen Zugeständnissen gegenüber den meist konservativen Ordensgeistlichen bereit. Als die Stadt in den 40er Jahren einen größeren Beitrag in die Kriegskasse des Herzogs zu zahlen hatte und sich dafür am liturgischen Gerät der Kirchen entschädigte, gaben die Räte einer Bitte des Ordenspriesters der Salvatorkirche nach und verzichteten auf die Konfiskation der großen silbernen Monstranz. Umgekehrt bestanden sie dann wegen solcher und ähnlicher Zugeständnisse in einem Erlass vom 10. Dezember 1543 darauf, dass die Pfarrer in den beiden Kirchen jeweils »einen guten Prädikanten annähmen, den man verstünde«. Mit diesem Drängen auf eine Prädikantenanstellung begann der Prozess, der unmittelbar in die Reformation Duisburgs hineinführte.

Während die Deutschherrenkomtur die Forderung des Rates zurückwies, nahm der Komtur des Johanniterordens sie auf und stellte den vom Herzog empfohlenen, aus Friesland stammenden Johannes Rithlinger als Prediger in der Marienkirche an. Der scheint sich mit den Jahren mehr und mehr reformatorischen Ansichten geöffnet zu haben. Am 25. März 1554 feierte er das Abendmahl in der Marienkirche erstmals in beiderlei Gestalt mit deutschen Gemeindegesängen und an einem einfachen, vor dem Hochaltar im Chorraum aufgestellten, weiß gedeckten Tisch und unter Verzicht auf die vorherige Beichte der Kommunikanten. Diese Feier

Ausschnitt aus dem Stadtplan des Johannes Corputius aus dem Jahr 1566. Der Ausschnitt aus dem kolorierten Kupferstich zeigt die gotische Salvatorkirche mit dem Burgplatz. Unterhalb der Kirche ist der Marktplatz mit Brunnen, Ständen und dem Pranger zu sehen

atmete nicht mehr den Geist des vom Herzog favorisierten Reformkatholizismus; man suchte offensichtlich den Anschluss an ein neues, an ein evangelisches Abendmahlsverständnis. Vielleicht spielten hier schon calvinistische Vorstellungen hinein, die in den Kreisen der englischen und wallonischen Flüchtlinge lebendig waren, die sich damals in der Stadt aufhielten.

Bürgermeister und Räte wurden wenige Tage später nach Düsseldorf zitiert, wo sie sich wegen der Neuerungen des Prädikanten zu verantworten hatten. Der Herzog wollte wissen, ob die von Rithlinger veranstaltete Abendmahlsfeier »mit Wissen und Willen eines Erbaren Rates geschehen sei.« Bürgermeister Robert Vogel entgegnete, dass in Duisburg gerade durch den dankenswerterweise vom Herzog selbst empfohlenen Prediger Rithlinger das Wort Gottes lauter und rein gelehrt werde und die Gemeinde somit von der wahren, biblischen Gestalt des Abendmahls erfahren habe. Eines entsprechenden Gebrauchs des Altarsakraments hätten sie sich »des Gewissens halber« daher nicht enthalten können. Die Ratsmitglieder verwiesen auch auf den bereits in anderen niederrheinischen Städten etablierten deutschen Kirchengesang. Der Herzog bestand auf seinem Recht, als Landesherr die religiösen Verhältnisse zu ordnen, und warnte, im Fall eigenmächtiger Neuerungen die Stadt nicht vor kaiserlichen Strafmaßnahmen zu schützen, betonte aber zugleich, dass er als weltlicher Herr niemanden gegen sein Gewissen beschweren oder betrüben wolle. Durch diese vergleichsweise milde Düsseldorfer Verwarnung sah sich der Rat in seinen Reforminteressen schwerlich angefochten.

Auch in der Salvatorkirche gerieten die Dinge zu Beginn der 50er Jahre in Bewegung. Dort hatten sich die Deutschherren bislang allen Reformversuchen beharrlich widersetzt. Ungeachtet der Veränderungen in der Schwesterkirche St. Marien wurde in St. Salvator weiterhin die Messe in gewohnter Weise gefeiert und wie in jedem Jahr das Gnadenbild des »Salvator Mundi« zu Fronleichnam in einem aufwändigen Festzug innerhalb und außerhalb der Stadt umhergetragen. Bestärkt durch die seit 1552 eingetretene konfessionelle Patt-Situation im Reich fasste der Rat am 11. Februar 1555 einen mutigen Beschluss. Er bestimmte, das Gnadenbild aus der Kirche zu entfernen und im Schulunterricht den Katechismus des lutherischen Braunschweig-Lüneburger Superintendenten Urbanus Rhegius einzuführen. Die Holzstatue des göttlichen Welterlösers sollte »auf die Seite getan«, an ihrer bisherigen Stelle im Chorraum ein Almosenkasten aufgestellt werden, um davon die »lebendigen Heiligen« zu speisen. Der Beschluss ging über das schon von Herzog Johann III. verfolgte Anliegen, die am Niederrhein beliebten »Hilligendrachten« einzudämmen, weit hinaus; er stellte die Heiligenverehrung insgesamt in Frage. Vor allem war die Einführung der 1541 erstmals publizierten Catechesis des Urbanus Rhegius ein unzweideutiges Signal für eine lutherische Wende Duisburgs.

Bald darauf verlangte auch die Gemeinde von St. Salvator nach einem neuen Prediger. Als der Komtur Johann up dem Berge das Ansinnen ausschlug, griffen einige Bürger am 2. August 1558 zur Selbsthilfe, drangen in sein Haus ein und forderten von ihm die Anstellung eines Predigers, wöchentliche Almosenspenden, die Abschaffung der Messe und die Austeilung des Abendmahls in beiderlei Gestalt. Die Menge beschlagnahmte sein Vieh und

gab es erst heraus, als der Komtur versprach, einen evangelischen Prediger anzustellen. Die Forderungen des Volkes wurden vom Rat nachdrücklich unterstützt. Noch im selben Jahr berief der Komtur den Prediger Petrus von Benden aus Neukirchen bei Moers. Mit ihm zogen die evangelische Predigt und Abendmahlsfeier sowie die nachmittäglichen Katechismusgottesdienste in die Salvatorkirche ein.

Wie sehr sich der konfessionelle Übergang in Duisburg gleitend vollzog, lässt sich aus der Tatsache ersehen, dass Johann up dem Berge, der katholische Komtur, und der evangelische Prediger Petrus von Benden nicht nur in derselben Kirche, sondern teilweise auch innerhalb desselben Gottesdienstes amtierten. Dabei scheint ein verkürzter deutschsprachiger evangelischer Predigtgottesdienst in die lateinische Messe integriert worden zu sein. Dass derlei »kombinierte« Gottesdienste, die offensichtlich auch in anderen Orten des Herzogtums, wie Goch oder Gennep, bestanden, weitergehenden spirituellen Ansprüchen nicht genügen konnten, liegt auf der Hand. Ihre Abschaffung war daher nur eine Frage der Zeit. 1571 ging das Recht der Pfarrstellenbesetzung in der Salvatorgemeinde auf den Rat über, die Messfeiern wurden endgültig zugunsten evangelischer Gottesdienste aufgegeben. Herzog Wolfgang V. hatte infolge des Augsburger Religionsfriedens die Duisburger Reformen geduldet. Als er unter dem habsburgischen Druck des Herzogs von Alba 1567 den religionspolitischen Kurs änderte, zum Katholizismus zurücksteuerte und gegenreformatorische Maßnahmen im Herzogtum einleitete, vermochte er damit in kleineren Orten Erfolge zu verzeichnen. Die Verhältnisse in Duisburg ließen sich indes nicht mehr umkehren. Schon unter von Bendens Nachfolger Johannes Engering hatte die Gemeinde eine stärker reformierte Richtung eingeschlagen. Der Weg führte in Duisburg – ähnlich wie im benachbarten Essen – von einer späten Stadtreformation direkt in die konfessionellen Auseinandersetzungen zwischen Lutheranern, Reformierten und Katholiken hinein. Gerade die reformierten, nicht auf eine professionelle Geistlichkeit angewiesenen Gemeinden waren dann freilich ein Garant dafür, dass der Protestantismus in den bedrückenden Zeiten der Gegenreformation am Niederrhein zu überleben vermochte. ●

Niederländer an Ruhr und Rhein

VON HERMAN J. SELDERHUIS

A lt sind die Verbindungen zwischen dem Ruhrgebiet und den Niederlanden, und älter, als man denkt. Seit der Reformationszeit waren diese Verbindungen immer wieder lebendig.

Flüchtlingsgemeinden

Die »Niederländischen Flüchtlingsgemeinden« entstanden, weil Anhänger der Reformation in den Niederlanden von der katholischen spanischen Obrigkeit verfolgt wurden und sich gezwungen sahen, ins Ausland zu fliehen. Das geschah schon in den 40er und 50er Jahren des 16. Jahrhunderts. Vor allem nach 1566, als in Reaktion auf den Aufstand gegen die spanische Herrschaft die Repression noch stärker wurde, kam es zu dieser Emigrationswelle. Die meisten Reformierten gingen nach England oder Deutschland. Nach neuesten Berechnungen handelte es sich um etwa 180.000 meist calvinistische Gläubige, die etwa 6 % der damaligen Bevölkerung ausmachten. Wichtiger als die Zahl ist aber das Charakteristikum dieser Flüchtlinge in dem Sinne, dass es sich bei vielen von ihnen um Menschen aus höheren sozialen Schichten handelte. Viele sollten es in späterer Zeit zu führenden Positionen in Politik und Wirtschaft bringen. Deutlich ist auch, dass viele dieser Glaubensflüchtlinge neben religiösen auch wirtschaftliche Gründe hatten, um auszuwandern. Aus den südlichen Niederlanden – auch als Flandern bekannt – entstand 1544 in diesem Kreis von Flüchtlingen eine reformierte Gemeinde in Aachen. Im selben Jahr hatte die Stadt Wesel eine Gruppe Französisch sprechender Niederländer, ebenfalls aus Flandern, aufgenommen. Es waren Textilweber aus Doornik und Lüttich, die

den Weg nach Wesel fanden. Die Flüchtlinge, die 1566–67 nach Wesel gelangten, kamen vor allem aus Orten wie Nimwegen, Arnheim, Tiel, Zaltbommel, Zutphen, Roermond und Venlo. Eine weitere Flüchtlingsgemeinde im Gebiet des Niederrheins gab es in Duisburg. Schon 1553 kamen Weber aus Brugge mit ihren Französisch sprechenden Knechten nach Duisburg, später auch Flüchtlinge aus England, sowohl Engländer als auch Niederländer, die erst nach England gegangen waren und mit dem Regierungsantritt der Königin »Bloody« Mary erneut fliehen mussten. 1558 gingen die Engländer zurück, aber die Niederländer konnten bleiben. Einer der bekanntesten Flüchtlinge ist der Geograph

Gerhard Mercator (links) mit seinem Verleger Jodocus Hondius mit Globen vor einer Europakarte. Mercator ist einer der bekanntesten Flüchtlinge. 1552 ließ er sich mit seiner Familie in Duisburg nieder. Dort veröffentlichte er 1569 seine berühmte Europakarte

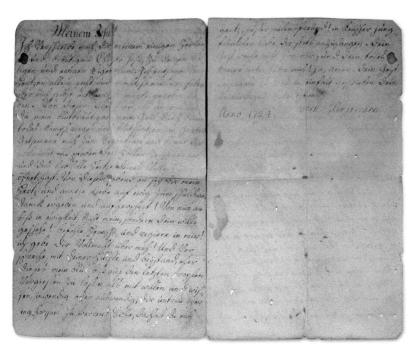

Blutbrief von Gerhard Tersteegen. 1742 unterzeichnete er mit seinem eigenen Blut seine Erklärung, dass er sein Leben Jesus Christus widmen wolle. Diese Reproduktion aus dem Archiv der Evangelischen Kirche im Rheinland wird in der Dauerausstellung »Reformation und Ruhrgebiet« des Martin Luther Forums Ruhr gezeigt

Gerard (Gerhard) Mercator. Schon 1544 wurde er verdächtigt, häretische Auffassungen zu haben, und wurde verhaftet. Die Universität Löwen wusste seine Freilassung zu erzwingen, die aber erst nach neun Monaten erfolgte. Mercator wollte sofort davonziehen und entschloss sich, sich mit seiner Familie 1552 in Duisburg niederzulassen. Man hatte ihn dorthin als Professor für Kosmographie an die neu begründete Universität berufen. Dort sollte er bis zu seinem Tod 1594 bleiben und dort sollte er 1554 seine berühmte Europakarte vollenden. 1569 veröffentlichte er in Duisburg schließlich seine famose Weltkarte mit einer Länge von zwei Metern. Sein Grab befindet sich in der gotischen Salvatorkirche.

Aus den Flüchtlingsgemeinden sowie durch andere Entwicklungen entstanden weitere reformierte Gemeinden. So gab es schon im 17. Jahrhundert eine niederländische Schiffergemeinde. Mitglieder waren niederländische Reformierte, die auf ihren Rheinschiffen wohnten und bei Köln oder Mülheim überwinterten. Diese Gemeinde wurde bedient vom reformierten Prediger in Mülheim am Rhein (bei Köln). In Moers gab es viele reformierte Gemeinden, die deutlich erkennen ließen, wie sehr sie von den Niederlanden beeinflusst waren. Die Confessio Belgica (1561) wurde als Bekenntnisschrift anerkannt. Es galt die niederländische Liturgie, und es wurde auch klar die Prädestinationslehre gelehrt. Im Jahre 1610 machten die reformierten Gemeinden am Niederrhein sich selbstständig. Es

wurde bei der ersten Generalsynode in Wesel eine eigene Kirche organisiert, die nicht mehr Teil der niederländischen Kirche war. Obwohl es bei der Synode von Dordrecht 1618/19 keinen Vertreter vom Niederrhein gab, fand die von dieser Synode formulierte Prädestinationslehre am Niederrhein Zustimmung und hatte dort auch geistig ihren Einfluss. Dass die aufblühende Industrie in der Zeit fast ganz in Händen von reformierten Kaufleuten lag, hat nicht so sehr mit der Prädestinationslehre zu tun, die zum Kapitalismus führen sollte, sondern vielmehr mit dem calvinistischen Prinzip, dass Glaube zu Taten führt und dass Geldverdienen keine Sünde ist.

Die Flüchtlingsgemeinden waren von essentieller Bedeutung für die Entstehung und Geschichte der reformierten Kirche in den Niederlanden, weil sich hier örtlich, in relativer Freiheit und Unabhängigkeit, ein kirchliches Modell entwickelte, das in der Republik landesweit eingeführt wurde. Um das zu verstehen, kehren wir noch einmal zurück nach Wesel.

Weseler Konvent 1568

In der Erwartung, dass es in absehbarer Zeit möglich sein würde, ein freies kirchliches Leben in den Niederlanden zu gestalten, wurden Pläne gemacht für die Struktur einer neugeordneten reformierten Kirche. Schon schnell entstand im Untergrund ein Netzwerk von lokalen Gruppen, die sich zu selbständigen und geordneten Gemeinden entwickelten. Einflüsse aus dem Ausland waren hier von großer Bedeutung. So veröffentlichte Johannes a Lasco, der für die Stadt Emden sehr bedeutend war, 1555 sein »Forma ac Ratio«. Dieses Buch enthielt seine Kirchenordnung und die Liturgie der Gemeinde in London. Ausgangspunkt für a Lasco war eine selbständige und mündige christliche Gemeinde. Ein Jahr zuvor hatte der in Gent geborene Marten Micron sein Werk »Christelijke ordinantiën« erscheinen lassen. Dieses Buch war im Grunde eine konkretere Beschreibung der kirchlichen Struktur und der Liturgie der Londoner Gemeinde.

Nach dem Beispiel der Reformierten in Frankreich, wo 1559 die erste nationale Synode stattfand, trafen sich die reformierten Gemeinden im Rahmen einer Synode als eine Versammlung von Delegierten der verschiedenen Gemeinden. Vor 1571 fanden all diese Treffen in Antwerpen statt, mit Ausnahme

der Versammlung, die 1566 in Gent gehalten wurde. Wegen der Situation in den Niederlanden konnte eine nationale Synode nur im Ausland stattfinden. Diese für die niederländische Kirche grundlegende, nationale Synode fand in Emden statt, aber Übungsplatz für die Vorbereitungen hierzu war Wesel, wo nach aller Wahrscheinlichkeit 1568 die erste Versammlung zur Vorbereitung eines niederländischen Kirchenverbandes stattfand. Diese Versammlung ist in der niederländischen Kirchengeschichte bekannt als der Konvent von Wesel. Es ging hier noch nicht um eine Synode, auf der Gemeinden durch Delegierte vertreten waren, sondern um einen Konvent, zu dem sich leitende Personen aus Kirche und Politik – vornehmlich aus den Flüchtlingsgemeinden – trafen. Die wichtigsten Personen auf diesem Konvent waren der Theologe und Dichter Petrus Datheen und Marnix van St. Aldegonde. Der adlige und überzeugte Calvinist Philips van Marnix, heer van St. Aldegonde (1540–1598), war unter anderem politisch aktiv als Bürgermeister von Antwerpen. Wichtig aber war vor allem seine literarische Tätigkeit.

Hauptziel des Konvents in Wesel war, eine erste offizielle Synode vorzubereiten. Diese Synode sollte nicht mehr aus einzelnen Individuen bestehen, sondern aus Amtsträgern, die im Namen einer lokalen Gemeinde zur Synode entsandt wurden. Zu diesem Zweck wurde in Wesel schon eine Einteilung in Classes und Partikularsynoden vorgenommen. Diese Einteilung sollte in Kraft treten, sobald die Niederlande frei waren. Eine Classis (lateinisch: Flotte) umfasst eine Zahl von kirchlichen Gemeinden in einem bestimmten Gebiet, und die Partikularsynode umfasst eine Zahl von Classes. Weiter wurden in Wesel Regelungen festgelegt in Bezug auf die Ämter, die Predigt, die Ausübung der Kirchenzucht und die Verwaltung der Sakramente. Die Artikel von Wesel enthielten eine fast vollständige Kirchenordnung mit dem wichtigsten Punkt, dass von Pfarrern gefordert wurde, dass sie übereinstimmten mit dem Heidelberger Catechismus und mit dem Niederländischen Glaubensbekenntnis, also mit der Confessio Belgica. Für die Verbindungen zwischen Ruhr und Rhein und den Niederlanden ist es vor allem von Bedeutung, dass die Artikel

Mülheim an der Ruhr, Ansicht von 1840

von Wesel bestimmt waren für die Niederlande, es aber sofort auch rheinische Gemeinden gab, die diese Beschlüsse des Weseler Konvents zum Maßstab für ihre eigene Gemeinde nahmen.

Reformierter Pietismus

In den Niederlanden entstand eine Bewegung, die den Namen »de Nadere Reformatie« bekam. Wörtlich bedeutet es weitergehende oder tiefergehende Reformation. Damit wird das Bestreben bezeichnet, der Lehre der Reformation auch in Frömmigkeit und Lebensstil Form und Inhalt zu geben. Die Reformation hatte zwar für eine Wiedergeburt der Lehre gesorgt, aber es bedurfte auch einer Reformation des Lebens: Es gibt in der Kirche zu viele, die sich um die Heiligung des Lebens und ein inniges Leben mit Gott kaum kümmern. In vielem ähnelte diese »Nadere Reformatie« dem englischen Puritanismus und dem deutschen Pietismus. Es ist deshalb auch kein Wunder, dass die Kontakte zwischen Ruhr und Rhein dazu führten, dass »de Nadere Reformatie« das Aufkommen eines reformierten Pietismus anregte, der sich unter anderem in Kleve-Mark und Berg und in Moers am Niederrhein entwickelte. Interessant an diesem Pietismus ist die verwendete Literatur. Es handelte sich in vielen Fällen um Übersetzungen niederländischer Werke. Deren Quellen waren aber vielfach entweder englische Puritaner oder niederländische Autoren, die häufig aus dem Werke Luthers schöpften. So nährte sich der reformierte Pietismus im Ruhrgebiet aus einer Internationalität und einer inhaltlichen Breite, die gut zur Reformation passt.

Zwei sehr bedeutende Persönlichkeiten müssen besonders hervorgehoben werden: Theodor Undereyck und Gerhard Tersteegen.

Undereyck wurde 1635 in Duisburg geboren als Sohn eines wohlhabenden Geschäftsmannes, der selbst Nachfahre der Flüchtlinge war, die im 16. Jahrhundert den südlichen Niederlanden entflohen waren. Undereyck studierte aber seit 1654 zweieinhalb Jahre in Utrecht, wo Gisbertus Voetius und Jodocus von Lodenstein ihn beeinflussten. Voetius war Teilnehmer der Synode von Dordrecht und als Professor in Utrecht bekannt wegen seiner Verbindung von Wissenschaft und Frömmigkeit. Von Lodenstein war Pfarrer in Utrecht, und seine Predigten zielten auf eine Kirche, die ihre Lehre präzise ins Leben umsetzen will. Im Mai 1657 bestand Undereyck das Predigerexamen, das die Classis

Duisburg ihm abnahm. Er war jetzt Kandidat, setzte aber sein Studium fort, kurz in Frankfurt, dann ab April 1658 in Leiden, wo er erneut unter Einfluss von Vertretern des niederländischen reformierten Pietismus geriet. 1659 machte er eine akademische Reise nach Genf, Frankreich und England. Von Mai 1660 bis Frühjahr 1668 war er Pfarrer der Reformierten Gemeinde Mülheim an der Ruhr. In dieser Periode von fast acht Jahren war seine Arbeit sehr bedeutsam für die Gemeinde und ihren Umkreis. Seine Predigten, in denen er zur Bekehrung und Wiedergeburt aufrief, wurden von der Gemeinde immer mehr geschätzt. Es wurde ein Presbyterium mit Ältesten und Diakonen eingerichtet, Unterricht zur Katechese von Jugendlichen wurde organisiert, und am Sonntagnachmittag wurde für die ganze Gemeinde eine Katechismuspredigt gehalten. Außerdem führte er die Kirchenzucht und die Hausvisitationen ein und sorgte dafür, dass die Gemeinde in die synodale Struktur der Duisburger Classis eingegliedert wurde.

Tersteegen wurde 1697 in Moers geboren, siedelte aber, als er 16 Jahre alt war, nach Mülheim an der Ruhr um und kam dort im selben Alter zum lebendigen Glauben. 1724 unterzeichnete er mit eigenem Blut seine schriftliche Erklärung, dass er sein Leben Jesus Christus widmen wollte. Seit 1728 entwickelte er sich zu einem sehr einflussreichen Erweckungsprediger. Er schrieb Bücher, Gedichte und Lieder im Stil christlicher Mystik. Tersteegen pflegte viele Kontakte mit Niederländern, die zu ihm kamen oder die er auch besuchte. Bis zu seinem Tod reiste er jedes Jahr einmal nach Amsterdam. Fünf von seinen Liedern finden sich im Gesangbuch der Niederländischen Kirche und werden bis heute im Gottesdienst – aber auch privat – gesungen.

Kirche an der Ruhr

Am Ende des 19. Jahrhunderts hatte sich eine große Zahl Niederländer im Ruhrgebiet angesiedelt und arbeitete dort in der Industrie, in den Häfen, aber auch auf dem Land. Deshalb wurde 1898 in Duisburg eine Reformierte Kirche gegründet. Reformiert (»Gereformeerd«) deutet hier auf diejenigen, die sich 1834 von der nationalen Kirche, der »Hervormde« Kirche, die als zu liberal angesehen wurde, getrennt hatten. Der erste Prediger in der Gemeinde war ein »Praktikant« (»oefenaar«), das heißt ein Laienprediger, der sich noch im Predigen üben musste. Vier Jahre später, 1902, bekam auch Ruhrort eine solche

Reformierte Gemeinde. Grund für diese neuen Gemeinden war, dass die calvinistischen Niederländer fanden, dass die Predigten in den Gottesdiensten nicht inhaltsreich genug seien und ihre Seelen dadurch nicht ausreichend genährt würden. Sie vermissten eine Botschaft, in der die Sündigkeit des Menschen und die unverdiente Gnade Gottes ausführlich verkündigt wurde, und auch den Ruf zur Buße und Bekehrung meinten sie zu wenig zu hören. Aber sicherlich spielte auch eine Rolle, dass ihnen die lutherische Liturgie fremd vorkam, und vor allem, dass es nicht ihre Muttersprache war, in der gepredigt wurde. Kurze Zeit später gründete auch die Hervormde Kirche zwei Gemeinden, und so hatte das heutige Duisburg-Ruhrort 1904 vier niederländische Kirchen. Die Gottesdienste wurden auch besucht durch die wachsende Zahl von Schiffern, die alleine oder mit ihren Familien unterwegs waren.

Der Erste Weltkrieg hatte für die Gemeinden schwere Folgen. Viele Mitglieder wurden zur Armee einberufen oder kehrten wegen des Krieges freiwillig zurück. Gottesdienste konnten nicht mehr gefeiert werden, und der Kirchenrat konnte nur gelegentlich Zusammenkünfte bei Mitgliedern zuhause organisieren. Die typisch reformierten »Hausbesuche«, bei denen Älteste die Mitglieder besuchten, um über deren geistliches Leben zu sprechen, konnten aber weiterhin ungehindert stattfinden. Dennoch wurden 1931 beide reformierte Kirchen zusammengelegt zu einer Gemeinde, die sich die Reformierte Gemeinde von Duisburg-Ruhrort nannte. Sie war Teil der Classis Arnheim der Reformierten Kirchen in den Niederlanden. Zwischen beiden Kriegen blühte das kirchliche Leben wieder auf, gerade auch wegen der als Folge der wirtschaftlichen Krise hohen Arbeitslosigkeit und Armut.

Der Zweite Weltkrieg bedeutete erneut eine äußerst schwierige Zeit für die Gemeinde im Ruhrgebiet. Aber trotzdem konnte das kirchliche Leben weitergehen. Weil es dem Pfarrer der Gemeinde Duisburg-Ruhrort verboten wurde zu predigen, lasen die Ältesten in den Gottesdiensten Predigten vor.

Nach dem Krieg ging es wieder aufwärts mit den niederländischen Gemeinden. Zehntausende Niederländer fanden im Ruhrgebiet einen Arbeitsplatz. 1957 wurde die Niederländische Ökumenische Gemeinde Düsseldorf gegründet. Die Zusammenarbeit zwischen Reformierten und »Hervormden« wuchs, und die Gemeindearbeit wurde aufgeteilt. Der Hervormde-Pfarrer wurde mit dem Pastorat der Schif-

fer betraut, der reformierte Pfarrer kümmerte sich um die Seelsorge für die Gemeindeglieder »an Wall«. Es gab aber auch immer mehr Niederländer, die außerhalb der Gemeindegrenzen wohnten, und deshalb wurden von Duisburg-Ruhrort aus auch andere Teile Deutschland geistlich betreut. Pfarrer und Älteste reisten dazu durch ganz Deutschland. Seit 2003 sind die »Gereformeerden« und die »Hervormde« Gemeinden zu einer Gemeinde zusammengelegt worden, sowohl aus Überzeugung, dass Einheit notwendig sei, auch aus finanziellen Gründen. Seit 2004 heißt die Gemeinde »Niederländische Kirche an der Ruhr« und ist immer noch Teil der Classis Arnheim. Jeden Sonntag findet an der Rheinallee 14 in Duisburg ein Gottesdienst statt. Pfarrer der Gemeinde sind P. Roggeband und D. Meijvogel. Pfarrer Roggeband ist verantwortlich für die Seelsorge der Gemeindeglieder, die »an Wall« leben. Pfarrer Meijvogel betreut die Schiffer und ist als Pastor der fahrenden Gemeinde im Ruhrgebiet und im Osten der Niederlande tätig. Auch werden noch immer Niederländer, die in anderen Gegenden Deutschlands wohnen, besucht und betreut. So bleiben diese Niederländer im Ruhrgebiet wie vorzeiten auf dem Weg der immer unterwegs seienden Calvinisten. •

Niederländische Kirche an der Ruhr: Pfarrer D. Meijvogel betreut die Schiffer und ist Pastor der fahrenden Gemeinde im Ruhrgebiet und im Osten der Niederlande

▶ **PROF. DR. HERMAN J. SELDERHUIS**
ist Direktor von Refo500 und lehrt an der theologischen Universität Apeldoorn.

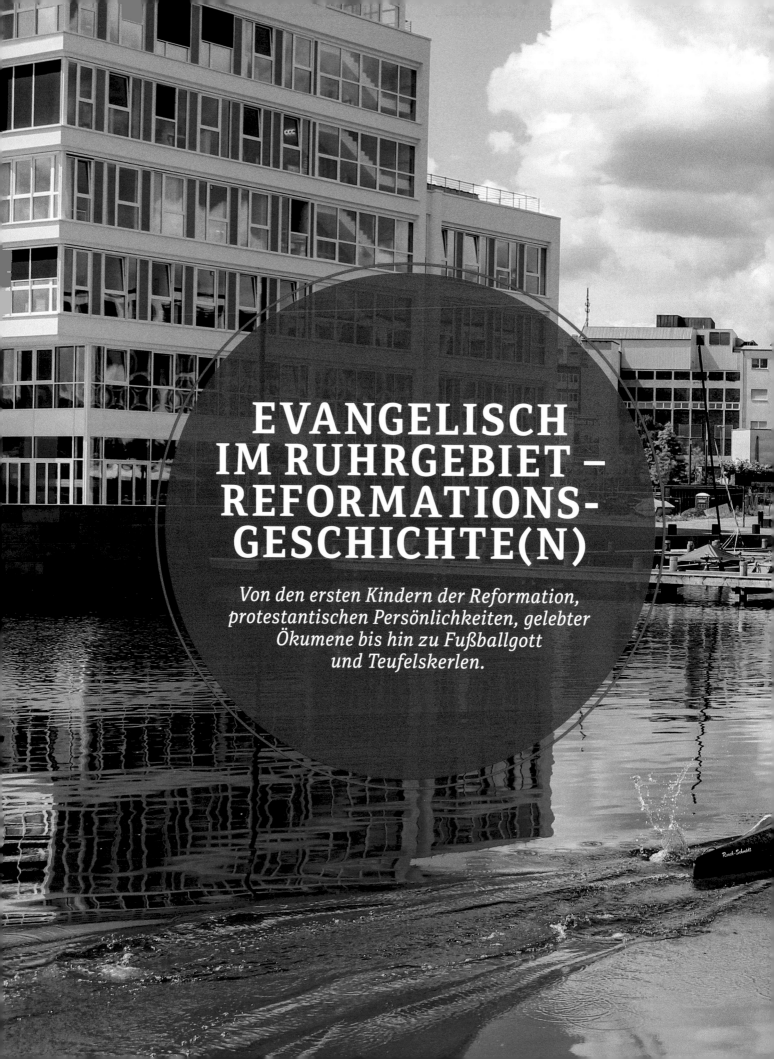

EVANGELISCH IM RUHRGEBIET – REFORMATIONS-GESCHICHTE(N)

Von den ersten Kindern der Reformation, protestantischen Persönlichkeiten, gelebter Ökumene bis hin zu Fußballgott und Teufelskerlen.

»Die ersten Kinder der Reformation«

Zuwanderer und der Bergbau beim Aufbau evangelischer Kirchengemeinden im Ruhrgebiet

VON JENS MURKEN

Zeche »Gottessegen« in Dortmund-Löttringhausen, um 1930

◄ **Seiten 44/45**
Urbane Metropole Ruhr – Arbeiten, Wohnen und Erholen am Phoenix-See in Dortmund

As Folge der Reformation war die dünn besiedelte Landschaft entlang der Flüsse Ruhr, Emscher und Lippe konfessionell geteilt. Evangelisch waren die Grafschaft Mark und die freie Reichsstadt Dortmund, katholisch die zum Kurfürstentum Köln gehörenden rheinischen Gebiete und das Vest Recklinghausen als kurkölnische Exklave, die zum Hochstift Münster gehörenden Gebiete sowie die Reichsabteien Essen und Werden. Konfessionell gemischt war hingegen nur das Herzogtum Kleve. Eine einheitliche Bezeichnung als »Rheinisch-Westfälischer Industriebezirk« bzw. später als »Ruhrgebiet« erhielt diese Region weder aus konfessionellen noch aus politischen Gründen. Das geschah erst im 19. Jahrhundert als Folge der Industrialisierung und des vom Ruhrtal Richtung Norden wandernden Steinkohleabbaus. Gegen Ende des vorletzten Jahrhunderts wurde auch die vorindustrielle Aufteilung des Ruhrgebiets in katholische und evangelische Gebiete durch mehrere Zuwanderungswellen aufge-

hoben, wenngleich nicht zugunsten einer konfessionellen Vereinigung. Es erfolgte eher eine konfessionelle Durchmischung auf engem Raum – bei gleichzeitigen Abgrenzungsmaßnahmen. Denn die konfessionellen Unterschiede wurden weiterhin akribisch gepflegt und auch in den Unionskirchen Rheinland und Westfalen sorgsam gehütet. So entstanden in den neu zu besiedelnden Gebieten im Gleichschritt parallele Strukturen der beiden christlichen Konfessionen. Dabei war der Bergbau für das unterirdische Geschick der Menschen im Ruhrgebiet verantwortlich, und der Glaube diente ihrer gleichsam überirdischen Vorsorge. Am irdischen Dasein dazwischen wirkten Kohle und Kirche gleichermaßen mit.

Ohne das Vordringen des Bergbaus von der Ruhr bis zur Lippe wären jedoch christliche Gemeindebildungen im Ruhrgebiet nicht möglich gewesen. In den beiden evangelischen preußischen Kirchenprovinzen Rheinland und Westfalen entstanden in der Phase der Hochindustrialisierung (1880–1918) zusammen mehr als 200 neue evangelische Gemeinden und entsprechend viele neu erbaute Kirchen. Diese Entwicklung stellte sich für die katholische Kirche ganz vergleichbar dar. Das Gedeihen der Kirchen- und Pfarrgemeinden war stets eng mit der Konjunktur des örtlichen Bergbaus verbunden. Äußeres Zeichen dieser existenziellen Verbindung war die Namensgebung einiger »Bergbaugemeinden«. Während in der Frühphase des Ruhrbergbaus, im 18. Jahrhundert, die Stollen mit ihrer Namenswahl noch den Wunsch um göttlichen Beistand bei ihrem gewagten Unternehmen dokumentierten, wie im Falle der Bochumer Zechen »Gottesglück« in Wiemelhausen, »Hülfe Gottes« in Weitmar, »Mittgottgewagt« in Stiepel oder der Zeche »Gottessegen« in Dortmund-Löttringhausen, so kehrte sich hundert Jahre später die Abhängigkeit von Kohle und Kirche um: Die Kirchengemeinden »Preußen« bei Lünen (gegründet 1905), »Scharnhorst« bei Dortmund (1907), »Radbod« unweit von Hamm (1911), »Bismarck« in Gelsenkirchen (umbenannt 1902) oder »Engelsburg« in Bochum (umbenannt 1928) wurden direkt nach den örtlichen Zechen benannt. Die Industrieorte im Ruhrgebiet entwickelten sich zur Zeit des Deutschen Kaiserreichs unter vergleichbaren Bedingungen im Hinblick auf ihre Topographie, ihre soziale Schichtung, ihre Ökonomie und ihre Religiosität.

Zuwanderung

Die Bergleute – und damit auch die Gemeindeglieder – stammten bei Weitem nicht nur aus dem Ruhrgebiet. Seit Beginn der 1880er Jahre zwang die Ausschöpfung der heimischen und benachbarten Arbeitsmärkte zur Anwerbung aus den ländlichen Arbeitskräftereservoirs anderer Regionen. So kamen mehrere hunderttausend Menschen meist aus wirtschaftlichen Notstandsgebieten an die Ruhr, die Emscher und die Lippe. Sie folgten der Arbeit, die die dortigen Zechen boten, und sie folgten den Verlockungen von Anwerbern. Denn Großindustrielle schickten ihre Werber insbesondere nach Ost- und Westpreußen, nach Posen und Schlesien, aber auch nach Österreich-Ungarn und Holland. Bei der masurischen Landbevölkerung im südlichen Teil der Provinz Ostpreußen fanden sie günstige Aufnahme. Die Aussicht auf gute Bezahlung in barem Geld anstelle der dort verbreiteten Naturalien-Entlohnung lockte vor allem die unternehmungslustigen jüngeren Männer.

Die Polnisch oder ihren eigenen Dialekt sprechenden Masuren unterschieden sich aufgrund ihrer Königstreue und vor allem ihrer spezifischen protestantischen Frömmigkeit ethnisch-kulturell von den sogenannten »Ruhrpolen«, also jenen nationalpolnischen, katholischen Einwanderern aus den preußischen Provinzen Posen, Westpreußen und Oberschlesien. »Uns genügt es hier für unsern Zweck festzustellen«, so der frühere masurische Synodalvikar und nunmehrige Gelsenkirchener Pfarrer Oskar Mückeley (1872–1955) über seine Landsleute im Jahr 1910, »daß die Masuren nicht nur seit langen Jahrhunderten Preußen und Deutsche sind, sondern daß sie auch als die ersten Kinder der Reformation, als die ältesten Glieder unserer teuren evangelischen Kirche dastehen.«

Masurenseelsorge

Bis zum Ersten Weltkrieg wanderte etwa ein Drittel der masurischen Gesamtbevölkerung aus. Im Ruhrgebiet entstand dadurch eine zweite masurische Gemeinschaft. Um 1905 lebten dort geschätzte 120.000 Masuren bei einer Gesamtzahl von rund 270.000 Bergleuten. Gelsenkirchen war das Zentrum der masurischen Migration. Die Anspruchslosigkeit und die Disziplin der Masuren wurden bei den Arbeitgebern sehr geschätzt. Der masurische Arbeiter war, einer zeitgenössischen Charakterisierung zufolge, gewöhnt an strenge Arbeit und an das Beherrschtwerden, typisch für ihn sollen zudem Bildungsmangel, Religiosität und Bedürfnislosigkeit gewesen sein. Mit der Migration gelangten aber auch die aktiven, von der Erweckungsbewegung geprägten ostpreußischen Gebetsvereine als Zweigvereine ins Ruhrgebiet. Die sich dort von der heimischen Scholle losgelöst und in fremder Umgebung befindenden Masuren sahen sich nicht nur den allgemeinen sittlichen und religiösen Gefährdungen im Industriebezirk ausgesetzt, wie wiederum Pfarrer Mückeley diagnostizierte, sondern auch den »Gefahren der Trunksucht, der Verwahrlosung, der Gottentfremdung« sowie den »Lockungen des Polentums, der Sozialdemokratie und der Sekten«. Dies alles forderte die evangelische Kirche zu einer verstärkten »Masurenseelsorge« heraus. Anfänglich übernahmen Pfarrer aus Masuren wochenweise eine provisorische Seelsorge. Erst zwanzig Jahre nach Beginn der masurischen Einwanderung setzte 1897 eine koordinierte Masurenseelsorge ein, was vor allem Pfarrer Mückeley zu verdanken war.

Masurische Gebets-
gemeinschaft

Neben vierzehn Gemeinden, die zweisprachige Pfarrer und Kirchendiener für die masurische Seelsorge unterhielten, wurden in sechzehn weiteren Gemeinden polnische Gottesdienste gehalten. Um die masurischen Arbeiter nicht in die Arme der Arbeiterbewegung zu treiben, suchten daher in bewusster Anknüpfung an altpreußisch-evangelische Traditionen verstärkt kirchlich-konservative Arbeitervereine die Masuren an sich zu binden. So existiert etwa bis heute in Gelsenkirchen-Erle der 1891 gegründete »Ostpreußisch-Evangelische Arbeiter-Unterstützungsverein Gelsenkirchen-Erle«.

Die Fernwanderung entlang der Ost-West-Achse brachte bis 1914 rund eine halbe Million Masuren und Polen aus den preußischen Ostprovinzen in das Ruhrgebiet. Die deutsche Binnenwanderungsbilanz von der Gründung bis zum Ende des Kaiserreichs weist über 15 Millionen Fernwanderer aus, wobei das Wanderungsvolumen den Wanderungsgewinn teilweise um das Zehnfache überstieg. Dies kennzeichnet nicht nur die hohe Mobilität und die typische Fluktuation der Bevölkerung, sondern es ist zugleich Ausdruck für das verbreitete »Zechenlaufen«. Dieser häufige Arbeitsplatzwechsel von einer Zeche zur anderen oder gar in andere Reviere erfolgte im Ruhrbergbau bereits wegen ganz gerin-

ger Lohndifferenzen, wird aber auch als Zeichen mangelhafter Betriebsplanung der frühen großbetrieblichen Entwicklungsphase gewertet. Die Kirchengemeinden litten ebenfalls unter diesem ständigen Wechsel ihrer Gemeindeglieder, wenngleich ihre örtlichen Leitungsorgane – Presbyterium und größere Gemeindevertretung – in der Regel mit länger am Ort lebenden Personen besetzt waren, darunter Zechenbeamte und leitende Industrieangestellte.

Bergbau als Raumbildner

Die demographische Entwicklung verdeutlicht die Rolle des Steinkohlenbergbaus als »Städte- oder Raumbildner« im Ruhrgebiet. Die Arbeiter folgten dem Bergbau und dem Ruf der Bergbauunternehmen. Diese prägten die wirtschaftliche und soziale Entwicklung und veränderten das Gesicht der Gemeinden. Die umfassende Inbesitznahme einer Kommune durch ein Großunternehmen ließ neben den eigentlichen Produktionsstätten, also neben Stahlwerken und Zechen, eine Art »Gegenstadt« entstehen. Sie umfasste Arbeiterwohnungen in Kolonien und eine eigene Infrastruktur mit Krankenhäusern, Kindergärten, Sportstätten, Verwaltung und kirchlichen Einrichtungen. »So ist unsere

Masurische Frauen vor der Kirche

Stadt nunmehr von allen Seiten von Zechen umgeben und wird bei der zweifellos bevorstehenden weiteren Entwicklung des Bergbaus bald ein neues großartiges Zentrum einer mächtigen emporblühenden Kohlenindustrie inmitten einer Anzahl reichhaltiger, stets wachsender Kohlenbergwerke werden«, frohlockte die Recklinghäuser Stadtverwaltung 1895, während das alteingesessene Bürgertum die Vereinnahmung ihrer Stadt durch den Bergbau vor allem als Bedrohung empfand. Industrialisierung und Urbanisierung sorgten dabei für eine rasche Ausbreitung des Protestantismus im Vest Recklinghausen. Beginnend mit Horst im Jahre 1882 entstanden innerhalb von zwei Jahrzehnten zehn Kirchengemeinden vom Typ »Bergbaugemeinde«, die hundertmal so viele evangelische Christen pfarramtlich zu betreuen hatten wie die beiden bürgerlichen vestischen Diasporagemeinden Recklinghausen und Dorsten zuvor zusammen. Die evangelische Kirche wuchs im Schatten der Fördertürme; und sie wuchs deswegen, weil sie vom Bergbau bewusst gefördert wurde.

Die Raumbildnerfunktion des Bergbaus war für Kirche und Kommune gleichwohl ambivalent, denn die Siedlungsweise war äußerst liberal. Nicht die Stadträte oder Planer bestimmten den Standort und die innere Struktur der Arbeitersiedlungen, sondern die Bergbau- und Industriegesellschaften. Ihre Siedlungspolitik war nicht vielen staatlichen Maßnahmen oder Gesetzen unterworfen, da die neuen Siedlungskomplexe durchweg in den Außenbereichen der Gemeinden erbaut wurden und sich so gemeindlichen Kontrollen und der Mitsprache entzogen.

Ansiedlungsverträge, Kolonie- und Gemeindeaufbau

Die 1856 gegründete Harpener Bergbau Aktien-Gesellschaft aus Dortmund war das größte Bergbauunternehmen mit der höchsten Förderung des Reviers. Robert Müser, evangelischer Sohn des Harpen-Gründers, führte die Bergbau AG von 1875 bis 1914. Seine betriebliche Sozialpolitik war zugleich

Ausdruck eines traditionellen Paternalismus: Die Harpener Verwaltung versuchte nach eigener Anschauung, durch den Ausbau ihrer Fürsorgeeinrichtungen zunehmenden sozialen Spannungen entgegenzuwirken. Harpen unterschied die von ihr in der Vorkriegszeit getroffenen sozialen Maßnahmen in fünf große Gruppen: 1. Wohnungswesen, 2. Verpflegungseinrichtungen, 3. Erziehung und Belehrung, 4. Krankenpflege, 5. Fürsorge und Unterstützungen. In der Summe waren die freien und damit widerrufbaren Unternehmensentscheidungen wie auch die gesetzlichen Verpflichtungen auf die wirtschaftliche Besserstellung und soziale Sicherung der Betriebsangehörigen ausgerichtet. Sie dienten implizit aber auch dazu, deren Loyalität und Betriebstreue zu erhöhen, und besaßen, gesamtgesellschaftlich betrachtet, wohlfahrtsstaatliche wie auch sozialdisziplinatorische Komponenten.

War die Siedlungspolitik von Bergwerksgesellschaften im 19. Jahrhundert charakteristischer »Ausdruck der patriarchalischen Ordnung« ihrer Zeit, so versuchte man hier staatlicherseits durch das »Ansiedlungsgesetz« von 1876 gegenzusteuern. Nun ging es nicht mehr allein um Fragen der sogenannten Gefährdungshaftung bei Bergschäden, die bei dem räumlich weit und tief ausgreifenden Steinkohlebergbau zu klären waren und die, wie im Fall der bald nach ihrem Bau 1872 von Bergschäden betroffenen Friedenskirche in Essen-Königssteele, zu jahrelangen Rechtsstreitigkeiten mit der örtlichen Zeche führen konnten. Es ging hingegen um investive Beteiligungen des Bergbaus am Gemeinwesen. Laut Ansiedlungsgesetz oblag Bauherren, wie der Harpener Bergbau AG, nun die Übernahme der Folgekosten für den Bau öffentlicher Einrichtungen, der Wasserversorgung und Kanalisation, von Straßen und Schulen sowie von Polizeistellen und eben auch kirchlichen Einrichtungen. Die Bergbauunternehmen hatten sich zudem an den Lasten zur Bekämpfung der Armut zu beteiligen. In speziellen »Ansiedlungsverträgen«, die zwischen Vertretern der von der Zechen- und Siedlungstätigkeit betroffenen Kommunen, der beiden Konfessionen und den Bergwerksgesellschaften geschlossen wurden, konkretisierte man die Verpflichtungen. Das Bergbauunternehmen hatte für ordnungsmäßige Zugangswege zur Siedlung (»Kolonie«) zu sorgen, innerhalb der Kolonie kostenfrei eine angemessene Wohnung für einen Polizeisergeanten zu stellen, gegebenenfalls auch ein Polizeigewahrsam zu schaffen, es hatte dem Schulverband sowie der katholischen und der evangelischen Kirchengemeinde jeweils eine Abfindung für jede Wohnung zu zahlen (»Häusergeld«), die Kolonie mit Trinkwasser zu versorgen und die Kanalisation einzurichten.

Ergänzende Quellen

Die auf den ostpreußischen Missionar Christoph Kukat (1844–1914) zurückgehenden ostpreußischen Gebetsvereine standen unter allen masurischen Gemeinschaften der Kirche am nächsten, wie Oskar Mückeley konstatierte:

»Freilich haben sie manche Eigentümlichkeiten, von denen ich hier kurz nachstehende aufführe: Ein Gebet im Stehen gilt ihnen überhaupt nicht als ein rechtes Beten, sie fordern stets das Knieen; Rauchen ist ihnen eine Sünde; den Buß- und Bettag achten sie nicht, weil er ein nur vom König eingesetzter Feiertag sei; dagegen halten sie streng darauf, daß sie Weihnachten, Ostern und Pfingsten auch einen 3. Festtag, entsprechen der Dreieinigkeit Gottes, feiern; sie klagen immer noch darüber, daß bei der Einführung der neuen Agende ein zweites Vaterunser, welches früher im Gottesdienst gebraucht gewesen sein soll, in Wegfall gekommen ist. Sie sind entschiedene Lutheraner. Sie stellen als etwa gleichwertig mit der Bibel den kleinen Katechismus Luthers hin; darum verwerfen sie auch die revidierte Ausgabe der Bibel, weil durch diese mehr als 3000 »Fehler« in die Bibel Luthers hineingekommen seien. Weil sie aber mit ganzem Ernst Christen sein wollen, kann man ihnen solche Absonderlichkeiten wohl zugute halten.«

Aus: Oskar Mückeley, Die Masuren im rheinisch-westfäl[ischen] Industriebezirk im Hinblick auf die ihnen gegenwärtig drohenden Gefahren und die Bekämpfung derselben, Gelsenkirchen o. J. (1910), S. 25 f.

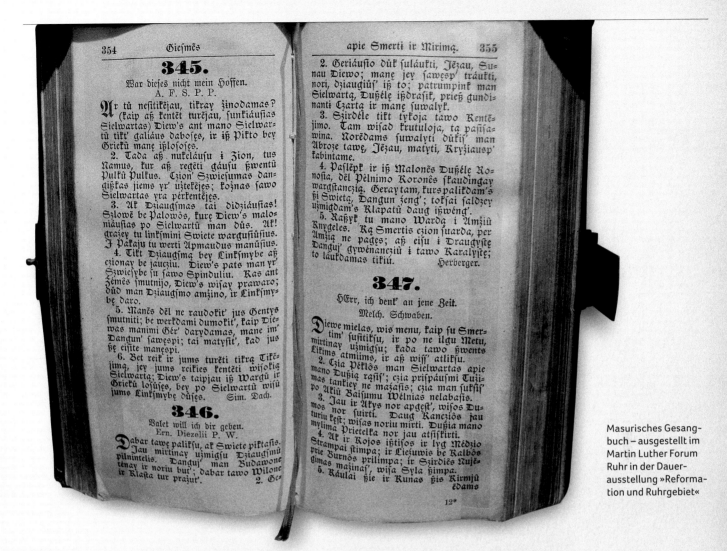

Masurisches Gesangbuch – ausgestellt im Martin Luther Forum Ruhr in der Dauerausstellung »Reformation und Ruhrgebiet«

Die Investitionen des Bergbaus waren symbiotischer Natur und sollten stets auch der Zeche zugutekommen. Die Aktiengesellschaft Königsborn förderte beispielsweise im Jahr 1904 die Ausstattung des evangelischen Kindergartens und den Ausbau von Gemeinderäumen samt Betsaal und Dachgeschosswohnung in Altenböggen. Der Wohnungsumbau erfolgte jedoch unter der Bedingung, dass die Wohnung »lediglich an solche Leute vermietet wird, welche in unseren Diensten stehen«. Tatsächlich erfreuten sich im Bergbau um die Jahrhundertwende nur rund zwanzig Prozent der Belegschaften des Privilegs, in einer der neuen Siedlungen wohnen zu dürfen. Meist waren es Stammarbeiter, die man fest an die Zeche binden wollte. Der Mietvertrag des Arbeiters war eng mit dem Arbeitsvertrag gekoppelt. Kontrolle und politische Bevormundung sowie Ordnungsmaßnahmen für alle Lebensbereiche waren ein Spiegelbild der Verhältnisse zwischen industriellem Bauherrn und abhängigem und weitgehend rechtlosem Arbeiter.

Aufgrund ihres eigenen Interesses an einem geordneten Gemeinwesen sperrten sich die meisten Zechenleitungen nicht dagegen, ihren rechtlichen Verpflichtungen nachzukommen. Im Gegenteil: Auch viele kirchliche Unterstützungsanträge wurden rasch erfüllt. Und beim Bau von Kirchen, Kindergärten, Bet- und Gemeindesälen sowie bei der Besoldung von Hilfspredigern und Pfarrern erwies sich das Bergbauunternehmen häufig genug sogar als »Motor« der Planungen. Die Bergbauindustrie förderte nicht nur Kohle, sondern offenkundig auch die Entstehung von Kirchengemeinden. Gleichwohl konnte die Lage der Kirchengemeinden dauerhaft oder wiederkehrend prekär sein, gerade bei ihrer starken Ausrichtung auf nur einen Wirtschaftszweig und ihrer daraus resultierenden Abhängigkeit von der Konjunktur des Bergbaus, wie in den Krisen der 1920er und seit Mitte der 1960er Jahre geschehen.

●

► **DR. JENS MURKEN**
ist Leiter des Landeskirchlichen Archivs der Evangelischen Kirche von Westfalen.

Diakonie und Innere Mission im Ruhrgebiet

—

VON NORBERT FRIEDRICH

Die Hilfe für den Nächsten, für Arme, Kranke oder Alte ist ein diakonisches Grundthema. Und so reicht natürlich auch das Gesundheitswesen im Ruhrgebiet bis in das Mittelalter zurück, finden sich doch hier, etwa am Hellweg, Hospize und Pilgerhäuser oder auch einige Leprahäuser an Ruhr und Lippe. Und natürlich hat es in den jungen evangelischen Gemeinden Dortmund, Bochum, Essen oder Duisburg Systeme der Armenfürsorge gegeben, auch wenn diese auf die Gemeinden und engere Region konzentriert waren.

Doch erst mit der Industrialisierung und der Urbanisierung der Region im 19. Jahrhundert, die das Ruhrgebiet zu einer »Region der Moderne« gemacht hat, begann auch – parallel zu den Entwicklungen im gesamten Deutschen Reich – die systematische Entwicklung einer Inneren Mission, die immer wieder gerne als »Zweitkirche« bezeichnet wird. Dabei ist zu beachten, dass es für eine Gesamtschau der Entwicklung der Inneren Mission in der Region einige Schwierigkeiten gibt. Das Ruhrgebiet ist mit Blick auf den Protestantismus ein sehr heterogenes Gebilde. Die seit der Reformation bestehenden Territorien haben sich konfessionell und religiös unterschiedlich entwickelt, heute gehören sie bekanntermaßen zwei Landeskirchen an, die trotz aller Gemeinsamkeiten auch in der Geschichte der Inneren Mission historische Unterschiede aufweisen.

Motor der Entstehung von Einrichtungen der Inneren Mission bzw. Diakonie (beide Begriffe können hier synonym verstanden werden), seien es beispielsweise Krankenhäuser oder auch Einrichtungen der Kinder- und Jugendhilfe, waren die Veränderungsprozesse des 19. Jahrhunderts. Wenn man diese für das Ruhrgebiet betrachtet, muss man neben den Folgen von Industrialisierung und Urbanisierung noch besonders die dynamischen Wanderungsbewegungen betrachten, die aus einer wenig besiedelten Region ein führendes industrielles Zentrum des Deutschen Reiches werden ließen. Diakonische Aufgaben gab es dabei überreichlich und in vielfältiger Form, in der Krankenfürsorge, der Erziehungsarbeit, der Hilfe für Menschen in Not oder auch in der Herausforderung für die einwandernde Bevölkerung.

Am Beispiel der evangelischen Krankenhäuser kann die Schnelligkeit, aber auch die Besonderheit der Prozesse im Ruhrgebiet gut betrachtet werden. Allgemein wuchs die Zahl der Krankenanstalten gerade in der Zeit der Hochindustrialisierung rasant an, die Industrie und Zechen waren auf eine medizinische Infrastruktur angewiesen, oftmals unterstützten Zechen oder deren Besitzer die Gründung von Krankenanstalten direkt oder indirekt. Da sich dabei die Kommunen zurückhielten, traten die Kirchengemeinden sowie eigens gegründete Vereine als Gründer und Betreiber auf. Anders als in anderen Regionen des Deutschen Reiches entstanden in den preußischen Provinzen Rheinland und Westfalen sogenannte freigemeinnützige Krankenhäuser in großer Zahl – noch heute ist daher die Krankenhauslandschaft in Nordrhein-Westfalen stark von konfessionellen Krankenhäusern geprägt. Dabei entstanden viele Krankenhäuser in konfessioneller Konkurrenz zueinander, auch wenn die Aufnahme der Patientinnen und Patienten natürlich unabhängig von der Religionszugehörigkeit erfolgte. Oftmals bewirkte aber die auch in der Wanderung zu beobachtende konfessionelle Zuordnung, also der Zuzug von Protestanten in Gebiete mit evange-

lischen Arbeitgebern und evangelischer Wohnbevölkerung und bei den Katholiken entsprechend, dass die Krankenhäuser nicht in direkter Konkurrenz zueinander standen. Vor dem Ersten Weltkrieg wird die Zahl von gut 100 Krankenhäusern (van Acken) für die Region genannt; auch wenn es keine spezifisch konfessionelle Erhebung für den evangelischen Bereich gibt, dürfte die Zahl der evangelischen Krankenhäuser bei über 40 liegen. In den letzten Jahren vollziehen sich gerade im Bereich der evangelischen Krankenhäuser nachhaltige Veränderungen, die man mit den Begriffen Spezialisierung und Konzernbildung beschreiben kann und die für die Region nicht spezifisch sind. Sie sind vielmehr Ausdruck einer veränderten sozialpolitischen Lage allgemein. Viele Krankenhäuser schließen sich zu größeren Einheiten zusammen, gleichzeitig bemüht man sich darum, in den angebotenen Bereichen eine hohe fachliche Leistung zu erbringen.

Das Personal der Krankenhäuser wurde vielfach von den katholischen Pflegeorden und den evangelischen Diakonissenhäusern gestellt. Es kam zunächst in der Regel aus den Häusern in Kaiserswerth (gegründet im Jahr 1836) und Bethel / Sarepta (gegründet 1869), später wurden dann auch Mutterhäuser direkt im Revier gegründet. Dies war 1890 in Witten das Diakonissenmutterhaus für die Grafschaft Mark und das Siegerland sowie 1908 das Niederrheinische Diakonissenhaus Duisburg, welches aus der stadtmissionarischen Arbeit entstand. Mit dem 1914 neu errichteten Diakonissenmutterhaus Münster kam ein weiteres Haus hinzu, welches viele Diakonissen in die Nordregionen des Ruhrgebietes entsandte. Dieses vergleichsweise dichte Netz von diakonischen Einrichtungen im Revier hatte einen doppelten Effekt. Zum einen konnten damit evangelische Krankenhäuser, Gemeindestationen und Kindergärten, die in großer Zahl entstanden, mit Personal ausgestattet werden. Zum anderen erreichten die Mutterhäuser hier viele junge Frauen, die bereit waren, als Diakonisse zu arbeiten. Das Mutterhaus in Kaiserswerth konnte beispielsweise einen erheblichen Teil der eintretenden Schwestern aus dem näheren Umfeld rekrutieren.

Früh entstanden im Revier auch selbständige diakonische Einrichtungen, für manche, wie den Münsteraner Konsistorialrat Johannes Hymmen (178–1951), liegen daher die »Anfänge der Inneren Mission im 19. Jahrhundert« in der Provinz Westfalen. Dabei ist insbesondere an die bereits 1819 im Haus Overdyk bei Bochum vom Grafen Recke-Volmarstein errichtete Rettungsanstalt zu denken,

Diakonissen vor den Borbecker Schlackenbergen

deren Hauptsitz zwar schnell nach Düsselthal (bei Düsseldorf) verlegt wurde, die aber als Erziehungsanstalt noch heute besteht.

Diese Einzelinitiative ist ein typisches Beispiel für die Geschichte der Inneren Mission, die nicht allein durch die diakonische Arbeit in den Kirchengemeinden geprägt war, sondern auch durch das Entstehen solcher selbständiger Einrichtungen. Dabei fällt auf, dass in der Gründungsphase die Einrichtungen noch über die kirchlichen Grenzen hinauswiesen und Angebote für das Rheinland und Westfalen im Ganzen machten. Dies gilt sowohl für die die heutige »Graf-Recke Stiftung« als auch für die von Theodor Fliedner begonnenen Aktivitäten. Das erwähnte, 1836 gegründete Diakonissenhaus in Kaiserswerth wurde als »Rheinisch-westfälischer Diakonissenverein« für die gesamte Region errichtet und die 1844 in Duisburg von Theodor Fliedner gegründete Pastoralgehülfenanstalt, in der einerseits Diakone ausgebildet wurden, andererseits ein breites Spektrum diakonischer Arbeit in der Krankenpflege und der Erziehungsarbeit geleistet wurde, zielte auch auf beide Provinzialkirchen.

Die Einrichtung – heute Theodor Fliedner Stiftung – zog nach dem Zweiten Weltkrieg nach Mülheim um, blieb der Region jedoch verbunden.

Und auch der 1849 gegründete Rheinische Provinzialausschuss für Innere Mission dehnte ab 1862 seine Arbeit nach Westfalen aus, dort entstand erst ab 1874 ein eigener Provinzialverein. Aus beiden entwickelten sich dann die landeskirchlichen Diakonischen Werke. Erst in den letzten Jahren sind die beiden Diakonischen Werke für Rheinland und Westfalen zu einem gemeinsamen Werk zusammengelegt worden.

Zu den unmittelbar im Revier entstehenden selbständigen diakonischen Einrichtungen gehört auch die 1904 von dem Volmarsteiner Pfarrer gegründete »Westfälische Krüppelanstalt«, die sich um körperbehinderte Menschen kümmerte und kümmert. Heute heißt sie »Evangelische Stiftung Volmarstein«.

Insgesamt jedoch gingen die diakonischen Initiativen im Ruhrgebiet, wie am Beispiel der Krankenhäuser genannt, gerade von den Kirchengemeinden aus. Dies gilt auch für die vielen evangelischen Kin-

Annäherungen an den REFORMATOR

Harald Birck | Pitz Andreas

Bilder von Luther

2016 | 160 Seiten | 23 x 20 cm
Hardcover | ISBN 978-3-96038-005-4

€ 19,90

Sprachschöpfer und Seelsorger, Gastgeber und Kapitalismuskritiker, Dichter und Übersetzer, Ehemann und Raubein – auch 500 Jahre nach der Reformation ist Martin Luther glücklicherweise nicht in ein Bild zu pressen. Und so haben sich in diesem Buch prominente Zeitgenossen neugierig der Frage gestellt, wer Luther für sie persönlich ist. Zusammen mit Harald Bircks künstlerischen Annäherungen an Luther vermittelt es Wissenswertes, Vergnügliches, Hochpolitisches und Alltägliches rund um Luther und lädt ein, sich erneut oder erstmals auf die faszinierende Persönlichkeit und das Lebenswerk des Reformators einzulassen.

Unter dem gleichnamigen Titel finden bundesweit 2016/2017 über 20 Ausstellungen mit Bircks Luther-Skulpturen statt.

Mit Beiträgen von: Heinrich Bedford-Strohm, Arnd Brummer, Malu Dreyer, Udo Di Fabio, Gundula Gause, Harald Martenstein, Ursula Ott, Manuela Schwesig, Nora Steen, Torsten Zugehör und anderen.

EVANGELISCHE VERLAGSANSTALT
Leipzig · www.eva-leipzig.de

www.facebook.com/leipzig.eva   Bestell-Telefon 03 41 7 11 41 16 · vertrieb@eva-leipzig.de dergärten in den Kirchengemeinden, die von konfessionell gebundenem Personal (z. B. Diakonissen) betreut wurden. In der Region konnten sich jedoch insgesamt zunächst nur wenige freie Einrichtungen der Inneren Mission etablieren. Eine 1911 veröffentlichte Übersicht für den westfälischen Teil des Ruhrgebietes dokumentiert die große Bandbreite und Vielfalt der Arbeit über die Fürsorgeerziehung, die Armen und Krankenpflege bis hin zur Verteilung christlicher Schriften. Für den rheinischen Teil sehen die Bedingungen ähnlich aus. Wichtig ist das Schlussurteil in der Übersicht, in dem insbesondere die Lage im Ruhrgebiet thematisiert wird, wo die Bedeutung von Sittlichkeit und Religiosität zurückgegangen sei. So erfordern die Bedingungen der modernen Industrie und deren Auswirkungen auf die Menschen sowie die gesellschaftlichen Veränderungen durch die erwähnten Wanderungsbewegungen einen neuen diakonischen Gemeindeaufbau, wozu ein reichhaltiges Vereinsleben ebenso gehört wie Einrichtungen zur sozialen und sittlichen Fürsorge: Schließlich erfordert der notwendige Aufbau eines wirklichen Gemeindelebens in dem Mischvolk des Industriebezirks die Begründungen eines neuen Heimatgefühls in den Gemeinden und die Errichtung einer neuen kirchlichen Sitte. Dazu sollen die Kirchengemeinden noch – neben den Diakonissen – auch Gemeindehelfer und Jugendpfleger anstellen. Als Beispiel für eine übergemeindliche frühe diakonische Arbeit sei die Arbeit für die evangelischen Masuren genannt, die gerade im Raum Gelsenkirchen beheimatet waren.

Diakonische Arbeit im Rahmen der Kirchenkreise setzte sich mehr und mehr ab der Weimarer Republik durch, als in einigen Städten eigene Pfarrämter für die Jugend- und Wohlfahrtspflege entstanden, zu nennen sind etwa Hagen (1920) oder Bochum (1927). Diese kleinen, auf Kirchenkreisebene angesiedelten Einheiten konzentrierten sich vielfach zunächst auf beratende und begleitende Arbeit, schnell kamen aber auch Einrichtungen der Altenhilfe oder der Jugendhilfe dazu.

Nach 1945 änderte sich die Situation nicht grundsätzlich, gleichzeitig nahmen aber die Arbeitsbereiche in der sich wandelnden Industrielandschaft zu bzw. wurden ausgebaut. Einige Akzente der Arbeit sollen genannt werden. Der frühe Zuzug in der Nachkriegszeit in die Region der Schwerindustrie erforderte den Aufbau von Jugendwohnhäusern für alleinstehende Industriearbeiter, ab den 1960er Jahren wurden daraus vielerorts andere

Einrichtungen wie Männerwohnheime. Sorgte man sich so früh um die arbeitende Bevölkerung, traten in vielen diakonischen Einrichtungen später an diese Stellen sogenannte »Arbeitslosentreffs«, Qualifizierungsgesellschaften etc. In diesem Feld vermochte die Diakonie im Ruhrgebiet in der Verbindung von kirchensteuerfinanzierter Arbeit und öffentlicher Förderung maßgeblich Akzente zu setzen. Nicht nur für das Ruhrgebiet wurde etwa die Ausländersozialbetreuung insbesondere für die hier lebenden Griechen wesentlich. Ein gutes Beispiel ist das griechische Kulturzentrum »Agora« in der ehemaligen Zeche Ickern I/II in Castrop-Rauxel. Hier war gerade die institutionelle Hilfe durch das Diakonische Werk hilfreich.

Heute sind sehr viele Kirchengemeinden im Ruhrgebiet in diakonischen Bereichen aktiv: es werden Besuchsdienste angeboten, vielfältige Hilfsangebote für Gruppen in der Gesellschaft bereitgehalten, man kümmert sich aktiv um das Quartier. ●

► **DR. NORBERT FRIEDRICH**
ist Vorstand der Fliedner-Kulturstiftung Kaiserswerth und Vorsitzender des Vereins zur Kirchen- und Religionsgeschichte des Ruhrgebietes.

► **WEITERFÜHRENDE LITERATUR**

Günter Brakelmann, Traugott Jähnichen, Norbert Friedrich (Hg.), Kirche im Ruhrgebiet, Essen 1998

Uwe Kaminsky, Ferdinand Magen, Klaus D. Hildemann, Pastoralgehilfenanstalt – Diakonenanstalt – Theodor-Fliedner-Werk. 150 Jahre Diakoniegeschichte, Bonn 1994 (Schriftenreihe des Vereins für Rheinische Kirchengeschichte, 114)

Wolfgang Köllmann (Hg.), Das Ruhrgebiet im Industriezeitalter. Geschichte und Entwicklung, Düsseldorf 1990

Oskar Mueckeley, Die kirchliche Versorgung der evangelischen Masuren im rheinisch-westfälischen Industrie-Bezirk, Gelsenkirchen: Bertenburg 1930

Arne Thomsen, Konkurrenz oder soziale Notwendigkeit? Das Verhältnis katholischer Krankenhäuser im Ruhrrevier zu anderen Wettbewerbern bis zum Ersten Weltkrieg. In: Gunnar Stollberg (Hg.): Außereuropäische und europäische Hospital- und Krankenhausgeschichte. Ein Vergleich (Schwerpunktthema des wissenschaftlichen Teils), 28 (2012–2013), Berlin 2013 (Historia hospitalium, 28), S. 129–151

Johannes van Acken (Hg.), Zum Krankenhauswesen im Ruhrkohlenbezirk. Denkschrift, Gladbeck 1922

Schwesterntag
Dortmund 1961

Biogramme zur Geschichte des Ruhrgebietsprotestantismus

—

VON MICHAEL BASSE UND TRAUGOTT JÄHNICHEN

▶
Philipp Nicolai
(1556–1608)

Adolf Clarenbach
(um 1495–1529)

Adolf Clarenbach wurde nahe Lennep geboren und war nach dem Studium an der Kölner Universität zunächst Lehrer für alte Sprachen und dann Konrektor in Münster. Er lernte dort Schriften Luthers kennen und verbreitete dessen reformatorische Gedanken, woraufhin er aus der Stadt ausgewiesen wurde. In der Folgezeit wirkte er in Wesel und traf sich dort mit Bürgerinnen und Bürgern zur gemeinsamen Bibellektüre in Privathäusern. Nachdem der Landesherr seine Ausweisung gefordert hatte, floh Clarenbach zu seinem Freund Johann Klopriß (um 1500–1535) nach Büderich. Beide wurden 1528 wegen der Verbreitung der lutherischen Lehre verhaftet. Während Klopriß fliehen konnte, wurde Clarenbach, der sich weigerte zu widerrufen, am 28. September 1529 auf dem Scheiterhaufen der Hinrichtungsstelle Melaten zu Köln verbrannt.

Karl Gallus (1530–1616)

Karl Gallus war nach dem Studium an der Kölner Universität zunächst Pfarrer in den Niederlanden. 1559 hielt er sich in Genf auf und hörte doch auch Calvin. Er wurde dann seines Amtes enthoben, weil er das Abendmahl unter beiderlei Gestalt ausgeteilt hatte. 1562 wurde ihm die Pfarrstelle in Hamm übertragen. Er führte dort die Reformation in ihrer reformierten Ausprägung auf der Grundlage des Heidelberger Katechismus ein. Wegen seiner Auseinandersetzung mit den ortsansässigen Täufern wurde Gallus 1576 aus Hamm ausgewiesen. In der Folgezeit wirkte er an verschiedenen Orten in den Niederlanden als Pfarrer und Theologieprofessor. Johannes Weyer (1515/1516–1588), dem entschiedenen Kritiker der Hexenverfolgung, pflichtete Gallus in einem Schreiben bei.

Everhard Wortmann
(1530–1570)

Everhard Wortmann stammte aus Hagen und wurde 1554 als Kaplan an der Dortmunder Reinoldi-Kirche für Luthers lutherischen Lehre verhaftet. Während Ideen gewonnen. Da der Rat der Stadt zu dieser Zeit noch die Reformation ablehnte, musste Wortmann Dortmund verlassen. Nach einem Studium an der Kölner Universität wurde er 1558 an die Kirche zu Unna berufen. Er führte dort die evangelische Predigt und das gemeinsame Singen von Lutherliedern im Gottesdienst ein. Am Allerheiligenfest des Jahres 1559 teilte er der Gemeinde das Abendmahl unter beiderlei Gestalt aus, womit der Übergang zur Reformation auch in einem zeremoniellen Akt vollzogen wurde, an dem die Bürgermeister und die Ratsherren der Stadt beteiligt waren.

Philipp Nicolai (1556–1608)

Philipp Nicolai lernte als Sohn eines evangelischen Pfarrers schon recht früh Lutherlieder auswendig. Seine Begeisterung für Luther wurde durch das Theologiestudium in Wittenberg gefördert, versteifte sich in der Folgezeit aber zu konfessioneller Polemik insbesondere gegenüber dem Calvinismus. 1596 wurde er als Prediger an die Stadtkirche zu Unna berufen, als dort der Streit zwischen Lutheranern und Calvinisten eskalierte. Mit seinen Predigten und Publikationen sorgte Nicolai dafür, dass sich das Luthertum in Unna durchsetzte. Unter dem Eindruck der Pest verfasste er aber auch ein seelsorgerliches Buch, den »Freudenspiegel des ewigen Lebens«,

Johann Mercker (1659–1728)

Johann Mercker setzte sich seit 1691 als Pfarrer in Essen für die Ziele eines radikalen Pietismus ein, indem er für die Einführung kleiner Konventikel eintrat und die kirchliche Obrigkeit angriff. Damit löste er einen erbitterten Streit aus, in dessen Verlauf er den Rat der Stadt exkommunizierte, bevor er dann selbst 1703 suspendiert wurde. Im folgenden Jahr fand ein Verhör in der Essener Kirche statt, das für Mercker das Ende seines beruflichen Wirkens in Essen bedeutete. Er lebte in der Folgezeit in Armut und ging 1713 nach Hattingen, um dort als Vikar zu arbeiten.

Franz Haniel (1779–1868)

Franz Haniel wurde in Duisburg-Ruhrort geboren und wuchs nach dem frühen Tod seines Vaters in einem pietistischen Umfeld auf. 1802 gründete er eine Kohlenhandlung sowie Reederei und beteiligte sich dann an einer der ersten Eisenhütten des Ruhrgebiets. Mit der Entwicklung des Tiefbauverfahrens der Mergelschächte und Projekten wie der Zeche Zollverein in Essen trug Haniel ganz wesentlich zu dem Aufschwung des Ruhrbergbaus bei. Mit seinem Wirken als Unternehmer verknüpfte Haniel ein soziales Engagement – so errichtete er zusammen mit seiner Frau Friederike Huyssen (1785–1867), die wie er selbst auch hugenottischer Abstammung war, eine Krankenstiftung.

Adelbert Graf von der Recke-Volmerstein (1791–1878)

Adelbert Graf von der Recke-Volmerstein lernte während seines Studiums Heinrich Jung-Stilling (1740–1817) kennen und wurde dadurch ein Anhänger der Erweckungsbewegung. 1819 nahm er auf dem väterlichen Gut Overdyck – im Bochumer Stadtteil Hamme – heimatlose Kinder auf. Sein Vater hatte dort schon 1790 eine Freischule für arme

sowie Choräle, mit denen er als Liederdichter berühmt wurde. Nachdem er 1601 Unna wegen seiner konfessionalistischen Unnachgiebigkeit hatte verlassen müssen, wirkte er fortan als Hauptpastor an der Katharinenkirche in Hamburg.

Felicitas Gräfin von Eberstein (vor 1577–1621)

Felicitas Gräfin von Eberstein wurde im Jahr 1600 in das Damenstift Essen aufgenommen und übernahm dort schon bald neben anderen Leitungsämtern auch das der Pröpstin. Darüber hinaus amtierte sie auch noch im Damenstift zu Vreden als Pröpstin und wurde 1603 zur Fürstäbtissin des Herforder Damenstifts gewählt. Ihr Versuch, in Essen die Nachfolge der Fürstäbtissin Elisabeth von Manderscheid-Blankenheim (†1604), die dem Protestantismus nahestand, zu übernehmen, scheiterte am Widerstand der gegenreformatorischen Kräfte. Sie unterstützte aber weiterhin die calvinistischen Gläubigen im Fürstentum Essen und ließ sich davon auch nicht durch einen Häresieprozess abhalten. Nach ihrem Tod wurde sie in der Petrikirche in Mülheim an der Ruhr beigesetzt.

Sozialpolitisches Engagement des Unternehmers »im Geiste eines echten Christentums«: Gründung von Kleinkinderschulen und Unterstützungskassen.

Kinder aller Konfessionen eingerichtet. Zusammen mit seinem Bruder gründete Adelbert von der Recke 1819 ein Rettungshaus, das drei Jahre später aus Platzgründen in das ehemalige Trappistenkloster Düsselthal umzog. Gemeinsam mit seiner Frau Mathilde (1801–1867) verwirklichte er hier wie auch auf dem schlesischen Gut Kraschnitz, das er 1848 erwarb, sein Konzept einer »Rettung« sozial benachteiligter Kinder und wurde damit zu einem Pionier christlich motivierter Diakonie.

Friedrich Harkort (1793 – 1880)

Friedrich Harkort, geb. am 22.2.1793 in Hagen-Haspe, gest. am 6.3.1880 in Dortmund-Hombruch, war Bahnbrecher der Industrialisierung des Ruhrgebiets und Anreger sozialreformerischer Initiativen. Wegweisend für die industrielle Entwicklung des Ruhrgebiets wurde die Errichtung einer Produktionsstätte für Dampfmaschinen und mechanische Webstühle 1818 in Wetter. Ferner setzte er sich für die Verbesserung der Verkehrsinfrastruktur ein. Harkort, der u. a. von 1871 bis 1874 dem deutschen Reichstag angehörte und sich für eine sozialliberale Politik einsetzte, war politisch liberal. Hervorzuheben ist Harkorts sozialpolitisches Engagement, er gründete Kleinkinderschulen und engagierte sich für die Einrichtung von Krankheits- und Invaliditätsversicherungen, die es »im Geiste eines echten Christentums« ins Werk zu setzen gelte. In diesem Sinn richtete er 1856 Unterstützungskassen für Arbeiter und Handwerker ein.

Gottfried Traub (1869–1956)

Gottfried Traub, (geb. 11.1.1869 in Rielingshausen/Württ. gest. 22.9.1956 in München) ist einer der schillerndsten Theologen des 20. Jahrhunderts. Seit 1901 wirkte er als liberaler Pfarrer an der Dortmunder Reinoldi-Kirche und wurde schnell zu einem der profiliertesten Pfarrer der Region. Sein besonderes Interesse galt der Sozialethik. Als er öffentlich die altpreußische Kirchenleitung wegen ihres Verhaltens bei dem Irrlehreprozess gegen den Kölner Pfarrer Jatho scharf kritisierte, wurde er selbst am 5.7.1912 seines Amtes enthoben. Ab 1913 nahm er für die Fortschrittliche Volkspartei ein Mandat im Preußischen Abgeordnetenhaus wahr. Im Ersten Weltkrieg vollzog er eine national-chauvinistische Wende. Aufgrund seines Wirkens für kirchliche Belange nach der Novemberrevolution wurden ihm am 15.11.1918 die geistlichen Rechte wieder zuerkannt. Politisch gehörte er zu den Mitbegründern der Deutschnationalen Volkspartei, desavouierte sich jedoch durch seine Beteiligung am Kapp-Putsch. Seit Ende 1920 lebte er als Publizist in München, war in der NS-Zeit regimekritisch eingestellt und trat trotz theologischer Differenzen für die Bekennende Kirche ein.

Gustav Heinemann (1899–1976)

Gustav Heinemann, (geb. 1899 in Schwelm, gestorben in Essen) arbeitete nach Studium und Promotionen in Nationalökonomie und Jura als Rechtsanwalt und später als Prokurist und Vorstandsmitglied bei den Rheinischen Stahlwerken in Essen. In der NS-Zeit engagiert er sich in der Bekennenden Kirche, nach 1945 gehörte er dem neu gebildeten Rat der EKD an und war Mitunterzeichner der Stuttgarter Schulderklärung. Ferner wirkte er als Mitglied der rheinischen Kirchenleitung, als Präses der Synode der EKD und als Mitbegründer des Evangelischen Kirchentages. Politisch engagierte er sich zunächst in der CDU, wurde Oberbürgermeister in Essen und 1949 Bundesinnenminister. 1952 trat er wegen deutschland- und friedenspolitischer Differenzen mit Adenauer aus der Regierung und aus der CDU aus, gehörte zu den Mitbegründern der Gesamtdeutschen Volkspartei und schloss sich 1957 zusammen mit Weggefährten aus der GVP der SPD an. Er profilierte sich als herausragender Redner der Partei in der Öffentlichkeit und im Parlament, seit 1966 stieß er als Justizminister der großen Koalition weitreichende Reformen an. Der hohe Respekt für sein politisches Wirken drückte sich schließlich in der Wahl zum Bundespräsidenten (1969 bis 1974) aus. Heinemann verstand sich als

»Bürgerpräsident«, der über die Partei-
grenzen hinweg große Anerkennung
erfuhr.

Maria Weller (1893–1976)

Maria Weller, (geb. 14.9.1893 in Steele
bei Essen, gest. 10.2.1976 in Dortmund),
entstammte einem Pfarrhaus und suchte selbst den Weg in das Pfarramt, bevor
entsprechende Regelungen für Frauen
getroffen waren. Ihr Theologiestudium
beendete sie 1925 mit dem Fakultäts-
examen an der Universität Münster. Als
1927 ein Vikariat für Frauen ermöglicht
wurde, absolvierte sie ein Lehrvikariat
in den Volmarsteiner Anstalten und erhielt nach ihrem zweiten theologischen
Examen im Juli 1929 eine Anstellung als
»Vikarin für Krankenhausseelsorge und
andere gemeindliche Zwecke« in Dortmund, wo sie im Februar 1930 in der
Dortmunder Marienkirche als erste Vikarin Westfalens eingesegnet wurde. Nach
wie vor strebte sie ein reguläres Gemein-
depfarramt an. Auch nach ihrem Engagement in der Bekennenden Kirche und
der Übernahme pfarramtlicher Aufgaben im Krieg blieb ihre entsprechende
Bitte an die westfälische Kirchenleitung
von 1950 unbeantwortet. Neun Jahre
nach ihrem Eintritt in den Ruhestand
kam es durch das Pastorinnengesetz
1964 zu einer Angleichung und im Jahr
1974 zur vollen rechtlichen Gleichstel-
lung der Theologinnen in der westfälischen Kirche.

Ludwig Steil (1900–1945)

Ludwig Steil, (geb. 29.10.1900 in Lüttring-
hausen/Remscheid, gest. 17.1.1945 im
KZ Dachau), wurde am 16.6.1929 zum
Pfarrer der Kirchengemeinde Holsterhau-
sen in Wanne-Eickel gewählt. Bis zu seiner Verhaftung am 11.9.1944 amtierte
Steil in dieser von Bergarbeitern geprägten Gemeinde und wurde nach 1933 sehr
schnell zu einem der profiliertesten BK-
Pfarrer Westfalens. So gehörte er zu den
Mitverfassern des Bochumer Pfingstbe-
kenntnisses 1933, trat im September 1933
dem Pfarrernotbund bei und war seit
1934 Mitglied der westfälischen Bekenntnissynode sowie des westfälischen Bruderrates. Der Anlass der Verhaftung am
11.9.1944 war eine Volksmissionswoche
in Herne, in deren Rahmen Steil die
Aussage Hitlers, sogenanntes »lebens-
unwertes Leben« zu vernichten, mit
dem Verweis auf das fünfte Gebot scharf
verurteilte. Nach mehrmonatiger Haft
in Dortmund und Bochum wurde Steil
am 5.12. auf den Transport nach Dachau
geschickt, wo er Anfang Januar 1945 mit
Typhus ins Krankenrevier eingeliefert
wurde und am 17. Januar 1945 verstarb. ●

► **WEITERFÜHRENDE LITERATUR**
Michael Basse, Traugott Jähnichen,
Harald Schroeter-Wittke (Hg.),
Protestantische Profile im Ruhrgebiet,
Kamen 2009

Hans Ehrenberg

Ein »Christ aus Israel«

—

VON GÜNTER BRAKELMANN

Juden und Christen haben als Geschöpfe des einen Gottes die gemeinsame Aufgabe, der Menschlichkeit in dieser Welt konkreten Raum zu geben. Jeder Dialog dient letztlich dem Frieden unter immer wieder friedlosen Menschen. Für Hans Ehrenberg, von 1925 bis 1938 Pfarrer der Altstadtgemeinde Bochum, war diese Überzeugung die praktische Quintessenz seines mühsamen und nie beendeten christlich-jüdischen Dialoges.

Es war schon ein erstaunlicher Mann, der da im Ruhrgebiet gelebt hat. Hans Ehrenberg wurde 1883 in Altona geboren, studierte nach dem Abitur am dortigen Christianeum in Göttingen und wurde 1906 mit einer Arbeit über »Eisenhüttentechnik und der deutsche Hüttenarbeiter«, einer empirischen arbeitssoziologischen und lohntheoretischen Studie über die Hoesch-Hüttenwerke Dortmund, in Nationalökonomie und Staatswissenschaften und 1909 mit einer Arbeit über den deutschen Idealismus in Philosophie promoviert. 1909 konvertierte er als Jude aus alter Gelehrtenfamilie zum evangelischen Glauben; sein ständiger Dialogpartner war sein Vetter Franz Rosenzweig, Privatdozent und später Professor für Philosophie in Heidelberg. Im und nach dem Ersten Weltkrieg nahm er an dem großen einmaligen christlich-jüdischen Religionsgespräch mit Rosenzweig, Eugen Rosenstock-Huessy und Martin Buber teil. Gemeinsam entwickelten sie die »Ich-Du-Philosophie«, die zu den originellsten philosophischen Entwürfen der Weimarer Zeit gehört.

Als Weltkriegsteilnehmer trat er für einen Verständigungsfrieden gegen die Parolen eines Siegfriedens ein und wandte sich im Krieg der demokratischen Staatsform zu. Noch vor der Revolution von 1918 wurde Hans Ehrenberg Mitglied der Sozialdemokratischen Partei und Mitglied eines Soldatenrats. 1922 begann Ehrenberg ein viersemestriges Studium der Evangelischen Theologie in Münster; 1924 wurde er zum Pfarrer ordiniert. 1925 beginnt dann Ehrenbergs Tätigkeit als Gemeindpfarrer an der Bochumer Christuskirche. Er konzentriert sich auf die Gemeindearbeit, publiziert aber gleichzeitig weiter und wirkt an der praktischen Öffentlichkeitsarbeit der Kirche mit.

Es hat in Bochum keinen kreativeren und literarisch versierteren Theologen, Philosophen und Soziologen gegeben als Hans Ehrenberg. Politisch war Ehrenberg von Jugend an antinationalistisch, antiimperialistisch, antivölkisch und schließlich antinationalsozialistisch. Schon vor seinem Pfarramtsantritt in Bochum hatte Ehrenberg über seine theoretischen Erkenntnisse Bücher geschrieben und Aufsätze publiziert. Er war ein in Deutschland bekannter Autor und Publizist. In der eigenen Kirche waren viele Amtsbrüder und Gemeindeglieder ihm als Judenchristen, Demokraten und offenen Dialogpartner gegenüber kritisch bis ablehnend. Sein kirchliches Umfeld war mehrheitlich antirepublikanisch und antisozialistisch. Vor allem aber was es antisemitisch, in Sonderheit gegenüber dem emanzipierten Judentum in Wirtschaft und Kultur.

Ehrenbergs Bemühungen, so etwas wie einen christlich-jüdischen Dialog zu führen, die traditionelle Judenmission in eine gleichrangige Dialogpartnerschaft

von Christentum und jüdischem Glauben und jüdischer Theologie zu überführen – dieses und vieles andere hatte unter den Bedingungen der Spätphase der Weimarer Republik, in der von 1930 an die NSDAP ihren Siegeszug antrat, keine Chancen mehr. Es waren der Milieuprotestantismus wie der kirchliche Protestantismus, die ihren Stoeckerschen Antisemitismus mit dem weltanschaulichen und politischen Antisemitismus der NS-Bewegung mühelos verschmelzen konnten. 1932 legte Ehrenberg eine Zeitanalyse vor, die den geistigen und politischen Entscheidungscharakter in der Spätphase der Republik entfaltete. Dieses Buch »Deutschland im Schmelzofen« verschwand 1933 vom Büchermarkt.

Ehrenberg, der jahrelang die Bochumer geistige Szene mitbestimmt hatte, musste sich seit 1933 auf seine Gemeindearbeit und auf die Mitarbeit in der sich bildenden Bekennenden Kirche beschränken. 1933 brachte er zusammen mit Ludwig Steil und anderen Pfarrern des Ruhrgebiets ein »Bochumer Pfingstbekenntnis« heraus, das es in dieser theologischen Klarheit im protestantischen Schrifttum des »Wendejahres« nicht gegeben hat. Vergebens mahnte er seine Kirche, ein öffentliches Wort zur sogenannten Judenfrage, nicht nur zur judenchristlichen Frage, zu sprechen. Dies Wort ist bis 1945 nie gesprochen worden. Auch die Barmer Theologische Erklärung hat zu seiner Enttäuschung zur Judenfrage geschwiegen. Seine Kirche hat auch kein öffentliches Wort zur gesellschaftlichen und politischen Entrechtung der jüdischen Mitbürger gesagt, aber ununterbrochen der Innen- und Außenpolitik des Volkskanzlers den Segen Gottes gewünscht. Niemals ist in evangelischen Kirchen für ein Staatsoberhaupt so inbrünstig gebetet worden wie für Hitler.

Auch am 9. November 1938 protestierten nur einzelne Pfarrer und Gemeindeglieder gegen das Anzünden der Synagogen und gegen die nachfolgende Sondergesetzgebung für Juden. Ehrenberg musste den politisch-moralischen Tiefstand seiner Kirche erleben. Er selbst war schon 1937 seines Amtes auf Druck der Gauleitung in Bochum enthoben worden. In der Nacht vom 9. auf den 10. November verwüstete die SA seine Wohnung – er selbst war nicht anwesend, aber seine Frau und seine beiden Kinder. Bevor er sich der Bochumer Polizei stellen musste, war es sein Amtsbruder Albert Schmidt, der mit ihm und seiner Familie ein letztes Abendmahl in der zerstörten Küche feierte. Als Schmidt am nächsten Sonntag von den Vorgängen um Ehrenberg in der Pauluskirche beim Gottesdienst berichtete, wurde er in der Sakristei verhaftet, eingekerkert und ebenfalls seines Amtes enthoben. Alle übrigen Amtsbrüder und alle kirchenleitenden Organe haben öffentlich geschwiegen.

Ehrenberg wurde zusammen mit Bochumer und Dortmunder Juden ins KZ Sachsenhausen gebracht. Zugeteilt wurde er dem sogenannten Judenblock. Der Bochumer Rabbiner Dr. Moritz David und vor allem der Jude Hans Reichmann, der einen aufregenden Bericht über Sachsenhausen geschrieben hat, haben mit Ehrenberg nachgedacht über das, was sie im KZ erleben mussten. Es waren jetzt nicht mehr hochgelehrte Disputationen, die man miteinander im akademischen Klima führte, sondern es war der Versuch letzter Sinngebung des täglichen Sehens und Erfahrens eines systematisch inszenierten – wie sie es nannten – Satanismus und Vernichtungswillens. Ob Christ oder Jude – sie waren gemeinsam Opfer eines neuheidnischen Großversuchs geworden, der nach der Judenvernichtung auch das Christentum auslöschen wollte. Für Ehrenberg und seine Leidensgenossen war es klar, dass es in der Logik des Vernichtungsantisemitismus lag, dass nach den Synagogen auch bald die Kirchen brennen würden.

Es war der NS-Vernichtungswille, der Juden und Christen im Angesicht des Todes neu zueinander finden und die Aufgabe für die Zukunft formulieren ließ: nämlich die jüdisch-christliche Frage als Frage nach dem gemeinsamen Gott gleichzeitig als Frage nach dem gemeinsamen Leben zu verstehen.

Das Erleben der Extremsituation eines Konzentrationslagers, das den »Geist« des Nationalsozialismus unverhüllt in Aktion zeigte, hat den Lagerinsassen Hans Ehrenberg in seiner Existenz als »Christ aus Israel« nicht zerstört, sondern ihn in seiner Gewissheit gestärkt, dass es nur eine Kraft aus tiefster Tradition gibt, die die Hölleninszenierung dieses politischen Großexperimentes zu überwinden vermochte: die jüdisch-christliche Tradition, die den in der Geschichte sich offenbarenden Gott in seiner Menschenfreundlichkeit bezeugt. Der Glaube an diesen Gott des Rechtes, der Liebe und Barmherzigkeit kann Men-

schen ein humanes Rechtsbewusstsein geben, kann Menschen lieben und barmherzig sein lassen. Der Gehorsam gegen die menschenfreundlichen Gebote dieses Gottes kann praktische Humanität im Prozess von Geschichte ermöglichen. Der Glaube an diesen sich offenbarenden Gott kann den Menschen vor seiner eigenen Dämonisierung schützen.

Es war der ihm aus der ökumenischen Arbeit persönlich bekannte Bischof Bell aus Chicester, der Ehrenberg und seine Familie noch kurz vor Ausbruch des Krieges gegen entsprechende Devisen nach England holte. 1947 konnte er mit seiner Frau nach Deutschland zurückkommen. Er übernahm in Bethel im Auftrag der westfälischen Kirche einen Sonderauftrag für »Volksmission«. Seine alte Bochumer Pfarrstelle war besetzt. Nach seiner Emeritierung wohnte er in Heidelberg. Dort ist er 1958 gestorben. ●

▶ **DR. GÜNTER BRAKELMANN**
war bis 1996 Professor für Christliche Gesellschaftslehre an der Evangelisch-Theologischen Fakultät der Ruhr-Universität Bochum.

▶ **WEITERFÜHRENDE LITERATUR**
Günter Brakelmann, Hans Ehrenberg. Ein judenchristliches Schicksal in Deutschland, Bd. 1: Leben, Denken und Wirken 1883–1932; Bd. 2: Widerstand, Verfolgung und Emigration 1933–1939, Waltrop 1997/1999

Manfred Keller, Jens Murken (Hg.), Das Erbe des Theologen Hans Ehrenberg. Eine Zwischenbilanz, Berlin 2009, der Band enthält 17 Aufsätze zum Leben und Denken Ehrenbergs

Ökumene im Ruhrgebiet

—

VON FRANZ-JOSEF OVERBECK

Vor mehr als 50 Jahren hat sich die Katholische Kirche offiziell der ökumenischen Bewegung angeschlossen. In dem dafür grundlegenden Dokument, dem Dekret über den Ökumenismus, wird diese Bewegung als vom Heiligen Geist gewirktes Instrument zur Wiederherstellung der Einheit aller Christen verstanden. Daher »mahnt« das Zweite Vatikanische Konzil »alle katholischen Gläubigen, dass sie, die Zeichen der Zeit erkennend, mit Eifer an dem ökumenischen Werk teilnehmen«.

Katholische Kirche ist ohne Ökumene nicht denkbar

Mit Blick auf das Ruhrgebiet können wir heute feststellen, dass diese Mahnung auf offene Ohren gestoßen ist. Das Miteinander der Konfessionen ist längst zum Normalfall geworden. Als Bischof des Ruhrbistums kann ich mir Katholische Kirche heute ohne Ökumene nicht mehr vorstellen. Uns um die Ökumene zu sorgen und gemeinsam unsere christliche Berufung zu leben, ist ein wesentlicher Vollzug unseres Glaubens. Daher war es mir auch ein Herzensanliegen, den 50. Jahrestag der Verabschiedung des Ökumenismusdekrets am 21. November 2014 im Rahmen eines festlichen Gottesdienstes zusammen mit Vertretern der Evangelischen Kirche im Rheinland, der

Evangelischen Kirche von Westfalen und der Orthodoxen Kirche in unserer Domkirche zu feiern. Zugleich bin ich dankbar für die Einladung der evangelischen Landeskirchen, den 500. Jahrestag der Reformation im Jahr 2017 als ökumenisches Christusfest gemeinsam zu begehen. Diese beiden Ereignisse zeigen, dass wir heute in der Lage sind, unsere jeweiligen konfessionellen Identitäten nicht gegeneinander in Stellung zu bringen, sondern sie als Gaben zu begreifen, mit denen wir uns gegenseitig bereichern können.

Ökumene fordert jede nur mögliche praktische Zusammenarbeit

Auf der Basis einer solchen Haltung konnte, ja musste sich neben den Dialogen über theologische Fragen – wie zum Beispiel das Verständnis der Rechtfertigung, des Abendmahls, der Kirche und des Amtes in der Kirche – ein breites Feld der Kooperation zwischen den Kirchen entwickeln. »Die Beziehungen der Christen untereinander«, so schrieb Papst Johannes Paul II. 1995 in seiner Enzyklika »Ut unum sint« (zu Deutsch: »Dass sie eins sind«), »fordern schon jetzt jede nur mögliche praktische Zusammenarbeit auf den verschiedenen Ebenen: pastoral, kulturell sozial und auch im Zeugnis für die Botschaft des Evangeliums«.

Die besondere Situation im Ruhrgebiet, der größten und am dichtesten bevölkerten industriell geprägten Region Deutschlands, führte die Kirchen hier vor allem in sozialethischen Fragen zusammen. Hohe Arbeitslosigkeit und belastende Arbeitsbedingungen, Einkommens- und Bildungsarmut, Zuwanderung und Integration: Vor allem zu diesen Themen galt es, aus christlicher Perspektive Orientierung zu geben und in der gesellschaftspolitischen Debatte die Stimme für eine solidarische und gerechte Ordnung zu erheben.

Gemeinsamer Einsatz der Kirchen für eine gerechte Gesellschaft

Seit 1998 tun die Evangelische Kirche im Rheinland und das Bistum Essen dies zum Beispiel beim »Sozialpolitischen Aschermittwoch«. In Anlehnung an die politischen Veranstaltungen verschiedener Parteien an diesem Tag setzt diese Veranstaltung einen deutlichen Akzent aus christlicher Perspektive und bringt damit zum Ausdruck, dass christlicher Glaube untrennbar mit dem Einsatz für eine gerechte Gesellschaft verbunden ist.

Der Sozialpolitische Aschermittwoch findet jährlich in einem liturgischen Rahmen entweder in einer evangelischen Kirche in Essen oder im Essener

Sozialpolitischer Aschermittwoch 2015: Unter dem Leitsatz »Soziale Teilhabe für alle – Wir lassen niemanden zurück« hatten die Evangelische Kirche im Rheinland und das Bistum Essen in den Essener Dom, Burgplatz, eingeladen. Referentin zum Hauptthema war Andrea Nahles, Bundesministerin für Arbeit und Soziales. Die Liturgie gestalteten Bischof Dr. Franz-Josef Overbeck und Christoph Pistorius, Vizepräses der Evangelischen Kirche im Rheinland

Dom statt. Die Liste der Themen führt neben den bereits genannten Fragen auch in den Bereich der Gesundheits-, Familien- und Europapolitik wie beispielhaft folgende Überschriften zeigen: »Wie sozial und gerecht ist unser Gesundheitswesen?« (2006), »Familien in sozialer Schieflage?« (2005) oder »Europa als Wertegemeinschaft« (2009). Jahr für Jahr konnten dazu prominente Rednerinnen und Redner aus Politik, Wissenschaft und Kirche gewonnen werden, so dass die Impulse auch in den Medien ein breites Echo fanden.

Sozialethische Gespräche zwischen Kirchen und Wirtschaft

Ein Format, das Verantwortlichen und Entscheidungsträgern eine vertiefte Auseinandersetzung mit gesellschaftspolitischen Fragen ermöglicht, ist das »Sozialethische Kolloquium«. Es wird einmal im Jahr ausgerichtet vom »Studienkreis Kirche/Wirtschaft in Nordrhein-Westfalen«. Träger dieser Initiative sind die Bistümer Köln, Paderborn und Essen, die Evangelische Kirche im Rheinland, die Evangelische Kirche von Westfalen, das Bildungswerk der Nordrhein-Westfälischen Wirtschaft e. V. und die Landesvereinigung der Unternehmensverbände NRW e. V. Aus jeweils unterschiedlichen Perspektiven (Wirtschaft, Politik und christliche Ethik) werden aktuelle Themen der Wirtschafts- und Sozialpolitik beleuchtet. Neben Beiträgen von Fachreferenten aus Wissenschaft und Wirtschaft gibt es regelmäßig eine Podiumsrunde von Spitzenvertretern der Kirchen und des Arbeitgeberverbandes.

In den 1990er Jahren wurde hier über die Gleichberechtigung in der Arbeitswelt diskutiert, 2012 lautete die Überschrift »Kommunen in Finanznot – Wege aus der Schuldenfalle« und 2014 ging es um die altersgerechte Erwerbsarbeit in einer alternden Gesellschaft. Die Ergebnisse der Sozialethischen Kolloquien sind zum Teil in einer Schriftenreihe des Studienkreises Kirche/Wirtschaft veröffentlicht. Interessant sind die sozialethischen Kolloquien auch deshalb, weil sich bei den Diskussionen um eine gerechte Gestaltung der Arbeitswelt die Kirchen als große Arbeitgeber auch nach der Umsetzung ihrer ethischen Forderungen im eigenen Haus fragen lassen müssen.

Ökumenisches Projekt zur menschengerechten Gestaltung der Arbeitswelt

Einen Schritt weiter in die Praxis geht das ökumenische Projekt »Gemeinsame Sozialarbeit« (GSA). Hier arbeiten die beiden großen Kirchen und Unternehmen gemeinsam an der Gestaltung einer sozialen, menschengerechten Arbeitswelt. Entstanden ist die GSA bereits im Jahr 1950 (!) als Zusammenschluss des deutschen Steinkohlebergbaus an der Ruhr mit einer ökumenischen Initiative der evangelischen und katholischen Kirche. Beteiligt waren das Erzbistum Paderborn und die beiden evangelischen Landeskirchen im Rheinland und von Westfalen. Das Bistum Essen wurde erst 1958, also acht Jahre später, gegründet und ist seitdem einer der Träger der GSA. Kooperationspartner aufseiten der Wirtschaft sind die RAG Aktiengesellschaft

als Dachgesellschaft für den Steinkohle-bergbau und – bis zur Schließung des Bochumer Opel-Werkes – die Adam Opel GmbH.

Die GSA will dazu beitragen, mensch-lich und sachlich befriedigende Lösun-gen für das Miteinander im betrieblichen Alltag zu finden. Sie unterstützt die be-teiligten Unternehmen dabei, die inner-betriebliche Zusammenarbeit zu verbes-sern, und leistet so einen Beitrag zur Humanisierung der Arbeitswelt. Kon-kret geschieht dies durch Seminare, in denen Mitarbeitende verschiedener Hie-rarchie-Ebenen lernen, Kommunikation zu verbessern, Eigenverantwortung und Teamfähigkeit zu stärken und Konflikte konstruktiv und kooperativ zu lösen. Das betriebliche Miteinander und die Ar-beitsbedingungen sollen dabei so gestal-tet werden, dass die Menschen darin so leben und tätig sein können, wie es ihrer gottgegebenen Würde und dem Ver-ständnis von Arbeit als schöpferischer Weltgestaltung entspricht. Dabei wird

die GSA getragen von der Überzeugung, dass Gerechtigkeit und Teilhabe den wirtschaftlichen Interessen eines Unter-nehmens nicht im Wege stehen, weil letztlich der Mensch die eigentliche Quelle wirtschaftlichen Erfolgs ist.

Vielfältige ökumenische Aktivitäten in den Gemeinden

Die Zusammenarbeit in den genannten sozialethischen Initiativen hat es den Kirchen im Ruhrgebiet ermöglicht, immer wieder zu aktuellen Themen gemeinsam Stellung zu beziehen. Im Jahr 2015, in dem so viele Menschen auf der Flucht vor Krieg und Terror nach Deutschland gekommen sind wie nie zuvor, sind neue kirchliche Flüchtlingsinitiativen vielfach als ökumenische Projekte entstanden. Im für das Ruhrgebiet so wichtigen Dia-log mit dem Islam engagieren sich die Beauftragten der evangelischen und der katholischen Kirche seit vielen Jahren gemeinsam und arbeiten Hand in Hand.

In Oberhausen wird das »Kirchenzent-rum in der Neuen Mitte« von der evan-gelischen und der katholischen Kirche gemeinsam getragen. Die Telefon- und Notfallseelsorge wird an vielen Orten ökumenisch organisiert. Es gibt öku-menische Familienzentren und ökume-nische Hospizgruppen. In sieben Städten des Ruhrgebiets hat sich eine lokale Arbeitsgemeinschaft Christlicher Kir-chen gebildet, in denen neben den Kir-chen der Reformation auch die wachsen-den orthodoxen Gemeinden vertreten sind.

Die Gebetswoche für die Einheit der Christen, der ökumenische Bibelsonn-tag, der ökumenische Weltgebetstag der Frauen sind aus dem Leben der Pfarreien und Gemeinden im Ruhrgebiet ebenso wenig wegzudenken wie die von Katho-liken, Protestanten und Orthodoxen getragene »Interkulturelle Woche« und der Schöpfungstag. Seit vielen Jahren wirkt die Evangelische Kirchengemeinde in Werden mit bei der traditionellen Lud-

Ökumenische Aktivität in den Gemeinden:
Die Evangelische Kirchengemeinde in Essen-
Werden wirkt seit vielen Jahren bei der
traditionellen Ludgerus-Prozession der Essener
Katholiken mit. Der Halt vor der evangelischen
Kirche in Werden ist schon Tradition

gerus-Prozession, die an den großen Missionar der Friesen und Sachsen erinnert. Darüber hinaus gibt es so viele unterschiedliche ökumenische Aktivitäten vor Ort, dass selbst eine zusammenfassende Darstellung den Rahmen dieses Beitrags sprengen würde.

Ökumene als gemeinsame Suchbewegung auf Gott hin

All das zeigt: Der ökumenische Weg ist der Weg der Katholischen Kirche. Diese Feststellung gilt ohne Einschränkung auch für das Ruhrgebiet und gibt die Richtung vor für die kommenden Jahre. Dabei wird es noch mehr darauf ankommen, Ökumene nicht als zusätzliche Aufgabe, sondern als gegenseitige Stärkung und Unterstützung zu begreifen. Katholische und evangelische Kirchengemeinden befinden sich in einem Entwicklungsprozess, mit dem sie auf eine sich schnell verändernde Gesellschaft und eine veränderte Rolle von Kirche in der Gesellschaft reagieren müssen. Viele traditionelle, volkskirchliche Formen von Seelsorge und gemeindlichem Leben tragen nicht mehr in die Zukunft. Wir werden lernen müssen, den christlichen Glauben in Wort und Tat auf neue Weise zu bezeugen, mit weniger hauptberuflichem Personal, weniger Gebäuden, weniger Geld. Die Glaubwürdigkeit dieses Zeugnisses hängt wesentlich auch davon ab, das wir die bestehende ökumenische Zusammenarbeit vertiefen und weitere Formen der Kooperation entwickeln.

Zugleich gilt es daran zu erinnern, dass Ökumene eine Suchbewegung ist.

Wir müssen suchen, um zu finden, was Gott heute von uns will. Unsere legitimen Verschiedenheiten der Formeln, Formen und theologischen Traditionen können und dürfen wir dabei nicht verleugnen, sondern müssen sie im Sinne einer gegenseitigen Ergänzung verschiedener Gaben gemeinsam fruchtbar machen. Die selbstverständliche Haltung von Anerkennung, Wertschätzung und Würdigung macht es möglich, gemeinsam mit bleibenden Anfragen und berechtigten Einsprüchen einen Dialog zu führen, der die Andersheit des Anderen nicht primär als eine Bedrohung und Infragestellung der eigenen Geschichte und Traditionsbindung versteht, sondern als Bereicherung und Herausforderung.

Sichtbare Einheit in versöhnter Verschiedenheit

Uns Katholiken leitet in diesem Zusammenhang vor allem der Wunsch nach einer »sichtbaren Gemeinsamkeit« in »versöhnter Verschiedenheit« und in »gemeinsam verpflichtender Verbundenheit«, die alle Christen umfasst und mehr ist als lediglich ein äußerer institutioneller Rahmen oder ein formaler Zusammenschluss. Ökumene ist Kirchengemeinschaft als Glaubensgemeinschaft. Dabei werden die Verschiedenheiten nicht aufgelöst, verlieren aber ihren Kirchen trennenden Charakter. Eine Kirche, der die Einheit wieder geschenkt ist, wird nicht uniform sein. Es wird eine reiche und vielfältige Einheit sein, die viel Farbe, viele Formen und Sprachen wie Eigentraditionen kennt, aber eben »eine«

Kirche ist, deren Einheit nicht im Unsichtbaren liegt.

Aus tiefster Überzeugung wissen wir, dass wir uns für diesen Weg nur bereiten können und vor allem Gott bitten müssen, in der Kraft seines neu schaffenden, lebendigen, kreativen Geistes diese Einheit herzustellen. Ein mich schon länger bewegendes Wort des französischen Schriftstellers Paul Claudel sagt: »Bitte Gott um ein Glas Wasser, er wird dich ins Meer werfen!« Mit Kraft wollen wir Gott weiter um die Einheit aller Christen bitten. Wir arbeiten für diese Einheit und lassen daran nicht nach. Wir bitten um diese Einheit, weil mit dem Zweiten Vatikanischen Konzil die Ökumene unumkehrbar zur katholischen Identität gehört, wir also ins weite Meer der vielfältigen Gestalten kirchlichen Lebens geworfen sind. Jetzt kommt es auf unsere Bitte und unser unermüdliches Beten und Arbeiten, ja eben auf das unerschrockene Schwimmen im Meer an, damit unterwegs zur Einheit unser Glaube wächst, das Leben sich lohnt, die Einheit gelingt und die geeinte Menschheit überlebt und lebt. ●

▶ **BISCHOF DR. FRANZ-JOSEF OVERBECK**
ist seit 2009 Bischof von Essen und Vorsitzender der Kommission für gesellschaftliche und soziale Fragen der Deutschen Bischofskonferenz.

Begegnungen von Christen und Muslimen im Ruhrgebiet

VON GERHARD DUNCKER

Abrahamsfest der Christlich-Islamischen Arbeitsgemeinschaft: Bei der Abrahamrevue 2015 im Theater Marl präsentierten Schülerinnen und Schüler von zehn Marler Schulen die Ergebnisse ihrer Workshops

Ich kann mich noch gut daran erinnern, wenn meine aus Ostpreußen stammenden Verwandten in Gelsenkirchen über »die Polen« sprachen. Da gab es manches, was sie nicht verstanden, vieles, worüber sie spotteten, aber irgendwie gehörten ihre polnischen Nachbarn doch dazu. Polnische Arbeiter waren zum Ende des 19. und zu Beginn des 20. Jahrhunderts mit ihren Familien ins Ruhrgebiet gekommen, um hier vor allem im Bergbau Arbeit zu finden. Meine Verwandten lebten bereits seit dem Beginn des 20. Jahrhunderts im Ruhrgebiet. Auch sie waren Migranten aus Masuren. Für die Region war der Zuzug so vieler Menschen ein gravierender Einschnitt in die allgemeinen Lebensbedingungen. So wuchs allein in den Jahren von 1875 bis 1910 die Bevölkerung im Ruhrgebiet von einer Million auf 3,5 Millionen Menschen. Meine Onkel und Tanten hatten ein Stück Heimat ins Ruhrgebiet mitgenommen. Sie gingen jede Woche in ihren »Ostpreußischen Gebetsverein«, der nach Flucht und Vertreibung 1945 viele neue Mitbeter bekam.

Eine ganz andere Herausforderung stellten dann seit der Mitte der 50er Jahre des 20. Jahrhunderts die angeworbenen Gastarbeiter dar, waren doch die meisten von ihnen keine Christen, sondern Muslime. Heute wohnen von den etwa 5 Millionen in Deutschland lebenden Muslimen gut 30 % in Nordrhein-Westfalen, viele davon im Ruhrgebiet. Die größte muslimische Gruppe sind dabei die türkischstämmigen Sunniten, die längst keine »Gastarbeiter« mehr sind, sondern auf Dauer bei uns und mit uns zusammenleben. Etwa die Hälfte von ihnen hat inzwischen auch die deutsche Staatsbürgerschaft.

Schon die Migrationen im 19. Jahrhundert und in der ersten Hälfte des 20. Jahrhunderts waren nicht spannungsfrei und nicht ohne Konflikte. Es waren Fremde, die kamen, mit fremder Sprache. Aber es waren fast ausnahmslos Chris-

Vortrag beim 15. Abrahamsfest 2015:
Prof. Dr. Mouhanad Khorchide faszinierte das
große bunte Publikum bei »Abraham –
aus islamischer Sicht« im Gemeindehaus der
Kulturen an der Pauluskirche Marl-Hüls

ten. Nun, mit den Gastarbeitern, kommen Fremde mit einer fremden Sprache und vor allem mit einer völlig fremden Religion. Lebten um 1930 nur etwa 1000 Muslime in ganz Deutschland, kommen auf einmal hunderttausende von ihnen ins Ruhrgebiet. Heute leben hier gut 750.000 Muslime, türkische, arabische, bosnische, iranische und deutsche, die inzwischen gut 400 Moscheen gebaut haben.

Es dauerte einige Zeit, bis die Menschen im Ruhrgebiet begriffen: Die meisten Muslime, die zu uns gekommen sind, werden nicht wieder in ihre Heimatländer zurückgehen, sondern bleiben, sind Bürgerinnen und Bürger unserer Städte, die freilich oft ganz anders leben als wir.

Da gab es und gibt es Widerstand und Angst: Die sollen sich anpassen (aber woran?); die sollen sich integrieren (aber in was?); die habe nicht unsere Werte (wie sehen die eigentlich aus?); und dann noch der Muezzin-Ruf vom Minarett. Vor allem dieser Ruf sorgt bis heute in Kommunen des Ruhrgebiets für Zündstoff, aber nicht nur hier.

Dann gab es auch Menschen, die sagten: »Die Muslime leben jetzt hier mit uns zusammen. Vielleicht ist das ja auch eine Chance für uns, Neues zu entdecken, Freundschaften zu schließen, die Religion des anderen und auch meine eigene Religion besser kennen zu lernen.«

Eine dieser Initiativen im Ruhrgebiet, die hier stellvertretend für andere stehen soll, ist die »Christlich-Islamische Arbeitsgemeinschaft Marl (CIAG).« Seit 1984 engagieren sich in dieser Bürger-

initiative Menschen aus evangelischen, katholischen und muslimischen Gemeinden nach dem Motto: »Suchet der Stadt Bestes« (Jeremia 29,7). Über sich selbst schreibt diese Initiative in einem Flyer: »Wir praktizieren Respekt, Nachbarschaftlichkeit und Friedlichkeit im örtlichen Kontakt und wirken dabei vielleicht für andere anregend. Dabei wissen wir: Ein friedliches Klima fällt nicht vom Himmel, sondern ist Ergebnis von Arbeit und Zusammenarbeit.« Diese Arbeit geschieht vor allem in drei Richtungen: bei Begegnungen zwischen den religiösen Gemeinden und ihren Mitgliedern; beim interkulturellen Lernen und praktischen Zusammenleben in den Marler Schulen sowie bei öffentlichen Großveranstaltungen.

Der »praktizierte Respekt« findet seit 2001 jedes Jahr seinen Höhepunkt im Abrahamsfest. Vorbereitet und gestaltet von der CIAG mit ihren Kirchen und Moscheegemeinden, der Jüdischen Kultusgemeinde im Kreis Recklinghausen, dem Integrationsrat Marl, der Stadt Marl und weiteren örtlichen Kooperationspartnern.

Das Abrahamsfest findet immer im Herbst statt und hat drei eigenständige Programme: mit Kindern in den Stadtteilen, mit Jugendlichen in den Schulen und mit Erwachsenen. Kinder aus Moschee-

und Kirchengemeinden besuchen sich in ihren Stadtteilen, Jugendliche treffen sich zu Workshops, etwa: »Wir lernen Kalligrafie-Schriften in den drei Religionen«. Es wird eingeladen zu musischen und sozialen Kunstaktionen, im Jahr 2015 etwa zu dem Thema »Bilder-Welten, Lebens-Räume«. Seinen Höhepunkt und Abschluss findet das Fest mit einer großen Feier im Marler Rathaus. Chöre und Volkstanzgruppen verschiedener Gemeinden gestalten ein fröhliches und abwechslungsreiches Programm, an dessen Ende ein offenes Büffet mit Spezialitäten heimischer und türkischer Küche zum Verweilen und zur Begegnung einlädt.

In den zurückliegenden Jahren ist die »CIAG Marl« vielfach geehrt und ausgezeichnet worden. So erhielt die Initiative 2007 den Bremer Friedenspreis, 2009 den Tschelebi-Friedenspreis und 2015 den Johannes-XXIII.-Preis durch Pax-Christi im Bistum Münster.

Im Gelsenkirchener Stadtteil Bismarck, benannt nach dem preußischen Ministerpräsidenten Otto von Bismarck, gibt es seit 1998 die Evangelische Gesamtschule Gelsenkirchen (EGG) in Trägerschaft der Evangelischen Kirche von Westfalen. Gut 20 % der 1.200 Schülerinnen und Schüler, die alle aus Bismarck bzw. Gelsenkirchen-Süd kommen, sind Muslime. Die vier Buchstaben »FELS«

Die Evangelische Gesamtschule Gelsenkirchen – auch ein Beispiel für gelungenen christlich-islamischen Dialog im Ruhrgebiet. Gut 20 % der 1.200 Schülerinnen und Schüler sind Muslime

stehen für das Leitbild der Schule: Familienschule, Erziehungsschule, Lebensschule, Stadtteilschule.

Alle Eltern, die ihre Kinder an der EGG anmelden wollen, wissen, dass es sich um eine Schule in kirchlicher Trägerschaft handelt. Sie müssen einen Vertrag mit der Schule unterschreiben, in dem es in der Präambel heißt: »Die Erziehungs- und Bildungsarbeit der Schule ist geprägt vom biblischen Menschenbild. Wahrnehmung der Verantwortung für den Mitmenschen, die Gemeinschaft und die Schöpfung sind wesentliche Leitlinien des schulischen Lebens.« In § 4 des Vertrages heißt es weiter: »Alle sind insbesondere verpflichtet, das besondere Bildungs- und Erziehungsziel der Schule zu achten und nach Kräften dazu beizutragen, es zu verwirklichen.«

Warum melden muslimische Eltern ihre Kinder in einer Schule an, die sich ganz bewusst als christliche Schule versteht? »Weil es eine gute Schule ist, weil es eine schöne Schule ist, an der man sich wohlfühlt«, so die Schulpfarrerin Britta Möhring. Von allen Beteiligten

wird erwartet, dass sie sich an den Schulvertrag halten. Bei Klassenfahrten fahren alle mit, auch die muslimischen Schülerinnen und Schüler. Ebenso sind alle beim Sport und beim Schwimmunterricht mit dabei. Sonderrechte für Muslime gibt es nur, wenn sie für hohe islamische Feiertage, etwa das Opfer- oder Zuckerfest, schulfrei beantragen.

In den Jahrgangsstufen 5–8 gibt es evangelischen und katholischen Religionsunterricht sowie Islamkunde für alle Schülerinnen und Schüler jeweils in getrennten Gruppen. Im Vordergrund steht das Kennenlernen der eigenen Religion bzw. Konfession. In den Jahrgangsstufen 9–10 gibt es einen gemeinsamen christlichen Religionsunterricht und jeweils eine 6-wöchige Einheit zusammen mit den Lehrerinnen und Lehrern für Islamkunde. Nun gilt es, die jeweils andere Religion kennenzulernen und miteinander ins Gespräch zu kommen. In der Jahrgangsstufe 11 gibt es seit 2015 auch einen gemeinsamen Unterricht mit islamischen Theologen und Philosophielehrerinnen und -lehrern. Nun gilt es: den

Dialog einüben, Differenzen aushalten und Toleranz lernen.

Die »Christlich-Islamische Arbeitsgemeinschaft Marl« und die Evangelische Gesamtschule Gelsenkirchen sind zwei Beispiele für gelungenen christlich-islamischen Dialog im Ruhrgebiet. Wie heißt es noch bei Jeremia im 29. Kapitel? »Suchet der Stadt Bestes und betet für sie zum Herrn; denn wenn's ihr wohl geht, so geht's auch euch wohl.«　　●

▶ **GERHARD DUNCKER**
ist Kirchenrat der Evangelische Kirche von Westfalen.

»All jene, die zuhören, werden selbst zum Zeugen werden«

Elie Wiesel, Auschwitz-Überlebender

—

VON RUTH-ANNE DAMM

Zum Zeugen einer Zeit werden, die man selbst nicht erlebt hat. Verantwortung fürs gemeinschaftliche Erinnern an eine Zeit übernehmen, die aufrüttelt und erschreckt, die man aber am eigenen Leibe nicht ertragen musste. Erinnern an eine Vergangenheit, die unsere Gegenwart und Zukunft sein kann, wenn wir selbst nicht aufpassen, dass sich Vergangenes nicht wiederholt – HEIMATSUCHER e.V. ist ein aus der ehrenamtlichen Initiative junger Studentinnen entstandener Verein, der sich genau dem stellt. Durch intensive Begegnungen mit Überlebenden und Zeitzeugen des Holocaust haben die jungen Projektinitiatorinnen hingehört und sind zu zweiten Zeugen – zu Zweitzeugen – geworden. Zweitzeugen, die mitfühlen und versuchen, mit den Lehren und Erfahrungen der Vergangenheit die Zukunft neu zu gestalten.

Als Zeugen der Zeitzeugen haben sie sich vor allem ein Ziel gesetzt: die Geschichten der Überlebenden an Kinder und Jugendliche zu vermitteln, die selbst die Überlebenden nicht mehr fragen können. Dabei wählen sie einen persönlichen Zugang, der sensibel aufklärt und altersgerecht bereits Kinder ab der 4. Jahrgangsstufe erreicht. Die Bilanz, die der junge Verein bis heute ziehen konnte, hätten sich die Initiatorinnen des Vereins nie zu träumen gewagt.

Kindern und Jugendlichen werden in der Foto-Ausstellung die Geschichten der Überlebenden vermittelt

Sie haben:
- rund 8.000 Ausstellungsbesucher in 14 Städten mit ihrer Wanderausstellung erreicht,
- mit über 2.200 Schülerinnen und Schülern erinnert und gegen Diskriminierung und Rassismus im Heute gearbeitet,
- über 900 hoffnungsvoll stimmende und tröstende Briefe von Kindern an Überlebende des Holocaust versenden können,
- hohe Auszeichnungen und erstklassige Medienauftritte erhalten.

Damals, bei der Gründung im Jahr 2010, standen folgende Fragen im Raum:

Was geschah nach Kriegsende und der Befreiung im Jahr 1945? Was erlebten die Überlebenden und wie schafften sie es nach all dem, was sie ertragen mussten, überhaupt weiterzuleben?

Gestellt haben sich diese Fragen Sarah Hüttenberend und Anna Damm, zu der Zeit Design-Studentinnen der Fachhochschule Münster. Es war ein TV-Bericht, der sie erschütterte. Es wurde gezeigt, dass damals von rund 200.000 in Israel wohnhaften Holocaust-Überlebenden ca. ein Drittel unterhalb der Armutsgrenze lebten. Schwer traumatisiert, schafften es nicht alle, wieder Mut zu fassen, ihre geraubte Bildung nachzuho-

◄
Kinder und Jugendliche schreiben den Überlebenden persönliche Briefe, nachdem sie die Geschichten dieser Menschen gehört haben

►
Briefe und Karten spenden den Überlebenden Trost und machen immer mehr Menschen zu Zweitzeugen

len, Vertrauen und Lieben neu zu lernen und sich ein neues Leben aufzubauen. Auf die Erschütterung über diese traurigen Zustände folgten Taten: Sarah und Anna machten sich auf den Weg nach Israel, sprachen in verschiedenen Einrichtungen und Gedenkstätten vor und schafften es schließlich, zehn Überlebende des Holocaust zu interviewen. Mit Fragen nicht nur zu der Zeit des Holocaust, sondern auch zu der Zeit davor und danach, wollten sie erfahren, wer diese Menschen vor Ausbruch des Nationalsozialismus waren, wie sie überlebten und vor allem, wie sie mit beeindruckender Kraft und Mut wieder neu begonnen haben. Voller Eindrücke, Interviews und Fotos im Gepäck entstand die Basis des heutigen Vereins HEIMATSUCHER e. V. – eine Ausstellung, die aufrüttelt, berührt und zum Handeln anregt. Der Name »HEIMATSUCHER« kommt dabei nicht von ungefähr. Im Hinblick auf die Frage nach dem Danach, wurde bei allen Interviews immer wieder eine Gemeinsamkeit deutlich: die Beschreibung der Suche und des kraftraubenden und schweren Aufbaus einer neuen Heimat.

Seit diesen Anfängen hat sich aus einer ersten fotografischen Ausstellung ein tiefgreifendes Projekt entwickelt. Bis heute ist die Ausstellung in 14 verschiedene Städte in Deutschland gewandert – darunter in den Landtag NRW in Düsseldorf, in Kirchen, Gemeinden und Synagogen, in das Martin Luther Forum Ruhr in Gladbeck, in die Mahn- und Gedenkstätte Steinwache Dortmund und selbst in ungewöhnliche Orte wie das BORUSSEUM, das Museum des Fußball-Clubs Borussia Dortmund. Dies alles ging mit der tatkräftigen Unterstützung weiterer ehrenamtlicher Helferinnen und Helfer, die sich gemeinsam zum Ziel machten, den unterschiedlichen Lebensgeschichten der Überlebenden Gehör zu verschaffen.

Hierbei war für alle klar, dass die Geschichten vor allem Kinder und Jugendliche erreichen sollen. Denn in diesen Geschichten steckt eine enorme Kraft: Sie rütteln auf und zeigen, wie in scheinbar aussichtslosen Situationen Kraft zum Weiterleben aufgebracht werden kann. Gerade in der Zusammenarbeit mit selbst traumatisierten Kindern und Jugendlichen hat die Betrachtung des Weiterlebens der Holocaust-Überlebenden einen Hoffnung gebenden und Mut machenden Aspekt. Baut man Brücken von den Geschichten über Ausgrenzung, Diskriminierung, Verfolgung und Gewalt im Nationalsozialismus ins Heute, so sensibilisiert man Zuhörer für viele in der Gegenwart passierende Ereignisse. Zum Beispiel auch für die Situation der Zuflucht und Hilfe suchenden Flüchtlinge in Europa. Damit setzt sich HEIMATSUCHER e. V. aktiv für Toleranz und gegen jede Form von Diskriminierung ein.

Bei der Zusammenarbeit mit Kindern und Jugendlichen wird schnell klar, dass sie die Erzählungen der persönlichen Lebensgeschichten der Überlebenden von der Kindheit bis zu der Zeit nach dem Krieg besonders gut verstehen und nachvollziehen können. Die Geschichten erzeugen Emotionen, schaffen Bezugspunkte und Identifikation. Sie motivieren Kinder und Jugendliche zum eigenständigen Handeln gegen Rassismus und Intoleranz. Sie helfen gegen das Vergessen. Um den Überlebenden zu zeigen, wie unglaublich mutig und wichtig es ist, ihre Lebensgeschichten zu erzählen, schreiben die Kinder und Jugendlichen den Überlebenden Briefe, nachdem sie die Geschichten gehört haben. Sie drücken ihre Gefühle und Gedanken mit anerkennenden und tröstenden Worten aus, welche die Überlebenden tief berühren. Ziel von HEIMATSUCHER e. V. ist es, so viele Kinder und Jugendliche mit dem Projekt zu erreichen, dass 100.000 Briefe an die Überlebenden geschrieben und abgesendet werden.

Das HEIMATSUCHER-Team besteht derzeit aus rund 30 ehrenamtlichen Helfern zwischen 18 und 32 Jahren. Zu den regelmäßigen Tätigkeiten gehört es, Projekte in Schulen zu gestalten, Führungen in der Wanderausstellung anzubieten, weitere Interviews mit Zeitzeugen zu führen und anschließend auch kindgerecht zu Papier zu bringen. Mittlerweile begleiten die Projektinitiatorinnen auch Gruppen bei Gedenkstättenfahrten.

Die Arbeit von HEIMATSUCHER e. V. wurde bereits vom Land NRW und von Bundespräsident Joachim Gauck gewürdigt. Außerdem wurde sie jüngst mit dem Hanns-Lilje-Stiftungspreis »Die bildende Kraft von Kunst und Kultur« ausgezeichnet und bekam von Ralf Jäger, Innenminister des Landes NRW, den Preis »Aktiv für Demokratie und Toleranz 2014« verliehen, den das »Bündnis für Demokratie und Toleranz – gegen Extremismus und Gewalt« vergeben hat. Sie hat zudem eine hohe bundesweite öffentliche Aufmerksamkeit von Medien wie der TV-Talkshow von Markus Lanz und von der renommierten Wochenzeitung »Die Zeit« erfahren.

Für den jungen Verein stellt dies aber nur den Anfang dar. Gerade in Anbetracht der aktuellen politischen und gesellschaftlichen Situation in Deutschland und Europa möchte HEIMATSUCHER e. V. noch viel mehr junge und ältere Menschen treffen, mit ihnen erinnern und sie zu Zweitzeugen werden lassen. Die Überzeugung, dass durch Aufklärung viel bewegt werden kann und muss, motiviert das Team von HEIMATSUCHER e. V. umso mehr, da in Deutschland Fremdenhass, Diskriminierung und sogar Antisemitismus wieder stärker werden. HEIMATSUCHER bietet hierfür einen persönlichen und emotionalen Zugang, der nicht mahnend den Zeigefinger erhebt, sondern zum Mitfühlen, Verstehen und Handeln einlädt. Ein Ansatz, der die Verantwortung gegenüber einer Generation übernimmt, die irgendwann keine Fragen mehr an Zeitzeugen stellen kann, in deren Händen es jedoch liegt, dass sich die Ereignisse der Vergangenheit nicht wiederholen. ●

▶ **RUTH-ANNE DAMM**
ist 2. Vorsitzende des HEIMATSUCHER e. V.

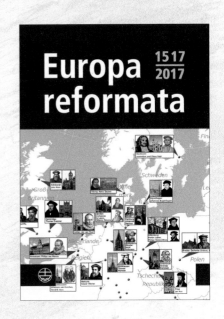

Fußballgott
und Teufelskerle

Borussia Dortmund (BVB 09) und FC Schalke 04 (SO4)
—

VON ALFRED BUß

Fußballtempel 1: Das Stadion in Dortmund

Das ist der Ruhrpott-Klassiker schlechthin: BVB gegen S04. Eine Luftlinie von knapp 30 Kilometern liegt zwischen den beiden Stadien in Dortmund und Gelsenkirchen. Doch kommt es zum Nachbarschaftsduell, brennt jedes Mal die Luft. Beide Lager sind sich in treuer Feindschaft zugetan. Die »Mutter aller Derbys« ist ultimativer Kick für die Spieler, strategische Schwerstarbeit für die Polizei und leidenschaftliche Hingabe für die Fans. Entweder Schwarz-Gelb oder Blau-Weiß. Dazwischen verläuft die Konfessionsgrenze im Revier. Man bekennt sich zu seinem Verein, hisst die Vereinsfahne auf dem Balkon, schläft in Bettwäsche mit Fan-Outfit oder lässt sich im vereinsfarbenen Sarg zur letzten Ruhe betten. S04 eröffnete 2012 auf dem Friedhof Beckhausen-Sutum sogar ein eigenes Fan-Feld. You will never walk alone. Blau und Weiß ein Leben lang – Borusse bis in alle Ewigkeit.

Dabei teilen die Vereine viel mehr Gemeinsamkeiten, als ihre Anhänger wahrhaben wollen. Beide entstammen dem Arbeitermilieu. In Gelsenkirchen-Schalke gründete im Mai 1904 eine Clique halbwüchsiger Jungbergleute und Fabriklehrlinge der Zeche Consolidation I/IV sowie der Herdfabrik Küppersbusch einen eigenen Fußballklub.

Rund um den Borsigplatz im Dortmunder Nordosten, zwischen Stahlwerk Hoesch und Zeche Kaiserstuhl, riefen Jugendliche im Dezember 1909 den »Ballspielverein Borussia« ins Leben. Sie waren Kinder von Arbeitsimmigranten – und Mitglieder des Jünglingsvereins der katholischen Dreifaltigkeitsgemeinde.

Vielerorts wurden jetzt Arbeiterclubs im Revier gegründet. Doch ohne eigenen Platz und oftmals auch ohne Ball, landeten sie immer wieder im Abseits. Fußball war, aus England kommend, lange Zeit eine bürgerliche Domäne, auch an Emscher, Lippe und Ruhr. Zum Arbeitersport musste der Fußball erst werden, auch im Ruhrgebiet. So fanden die Schalker Unterschlupf in ihrem Stadtteil als Fußballabteilung des Turnvereins von 1877. Und das erste Revierderby trugen nicht S04 und der BVB 09 aus, sondern SuS Schalke 96 und der FC Dortmund 95, sogenannte »Lackschuhclubs«.

Eine erste Beheimatung im kirchlichen Milieu

Gut zehn Jahre nach Gründung bürgerlicher Fußballvereine nahm auch der Arbeiterfußball Gestalt an. Fortdauernde Zuwanderung und hohe Geburtenraten führten zu großem Reichtum an Kindern und Jugendlichen im Revier. Die engen Wohnverhältnisse in den Zechenkolonien trieben die Arbeiterkinder ins Freie. Straßen, Hinterhöfe und Freiflächen wurden ihr Spiel- und Erlebnisraum. Den Fußball schauten sie sich ab – von den bürgerlichen Klubs. Und fingen selber an, mit Blechdosen oder Bällen aus Lumpen und Draht zu tricksen und Tore zu schießen. Häufig fanden die »pölenden« Straßencliquen eine erste Beheimatung im kirchlichen Milieu. Zwischen 1870 und 1914 kamen über 700.000 Zuwanderer aus Polen, Masuren und Schlesien ins Ruhrgebiet. Diese »Westfalzyks« entstammten überwiegend ländlichen Gegenden und gehörten der Unterschicht an. Evangelische und katholische Arbeitervereine wurden für sie zu einem festen Ankerpunkt im Industrierevier mit seinen Umbrüchen. Dabei blieben evangelische Vereine dem Fußball gegenüber meist reserviert. Katholische Jünglingsvereine hingegen beförderten Vereinsgründungen – so auch des BVB 1909.

Warum aber wurde der Fußball so attraktiv für die Arbeiterjugend? Einerseits war er spürbarer Ausgleich zum Arbeitsalltag bei Kohle und Stahl: Die Bewegungsfreiheit an frischer Luft war spielerischer Gegenpart zur einseitigen Arbeitsbelastung unter Tage oder in stickigen Fabrikhallen. Andererseits sind

im Fußball Fähigkeiten gefragt, die auch in der montanen Arbeitswelt hoch in Geltung standen: körperliche Robustheit, Durchsetzungsvermögen, Geschicklichkeit ebenso wie Mannschaftsdienlichkeit, Verlässlichkeit und blindes Verständnis.

Das ist Fußball: Einen unberechenbaren Ball gemeinsam in geordnete Bahnen lenken und ihn möglichst im gegnerischen Tor unterbringen. Ein zum Chaos neigendes Gekicke muss in absichtsvolles Tun verwandelt werden. Und dies gegen einen widerborstigen Gegner, der jeden Spielaufbau zu stören sucht, um seinerseits ins gegnerische Tor zu treffen.

Darin ist der Fußball wohl ein Spiegelbild des realen Lebensalltags mit seinen Unwägbarkeiten. Auch da geht vieles nicht zusammen. Das galt erst recht unter den Lebensbedingungen der damaligen Arbeitswelt.

Der Fußball hatte Migrantenkindern etwas zu bieten

Zugleich hatte der Fußball Migrantenkindern etwas zu bieten, das es sonst in ihrem Leben nicht gab: Chancengleichheit. Fußball war ein Kampf zu gleichen Ausgangsbedingungen, unabhängig von Namen, Rang oder Herkunft. Und im Fußball lag die Chance, nicht ein Leben lang in der Schwerindustrie malochen zu müssen.

Anschauliches Beispiel dafür ist der FC S04. In den 20er Jahren gingen Zeche und Verein eine strategische Partnerschaft ein. Nun gab es leichtere Arbeit und sogar Freistellungen für Schalkes Spieler. Ihre Spielkultur wurde fortan sprichwörtlich: Der »Schalker Kreisel« wurde zum Markenzeichen für fließenden Kombinationsfußball. Erfolg reihte sich an Erfolg. Und die sportlichen Erfolge hoben das Image aller Beteilig-

ten – das von Club, Spielern, Zeche und Stadt. Mittendrin die »Glückaufkampfbahn« (1927) als Symbol erfolgreichen Arbeitersports. Zwischen 1934 und 1958 wurde Schalke siebenmal Deutscher Meister. Der Erfolg von S04 ließ einen Traum der Massen Wirklichkeit werden – den Traum vom möglichen Ausbruch aus der Bedeutungslosigkeit. Die Schalker Idole waren Migrantenkinder und Knappen wie sie. Vorneweg Ernst Kuzorra und Fritz Szepan, wie die meisten Schalker Sprößlinge evangelischer Masuren. Und Typen, die nicht abhoben. Sie blieben ihrer Herkunft treu, auch ihrem Verein und ihrem Milieu. Und doch ließen sie sich umgarnen: von der NS-Ideologie und deren Versprechen. Als »arische Masuren« ließen sie sich willig feiern samt ihrem Vorzeigeclub.

Nach dem Krieg war's mit der Schalker Dominanz vorbei. Die neugegründete Oberliga West förderte nun die ganze

Eingang zur Kapelle in
der Schalke-Arena

◀ Seite 76
Fußballtempel 2:
Die Arena Auf Schalke

Breite des Revier-Fußballs zutage. Selbst Vorortclubs – wie der STV Horst-Emscher oder die Sportfreunde Katernberg – mischten in der höchsten Liga mit. Es war die Zeit der vielen Derbys. Und die waren Zuschauermagneten. »Straßenbahnliga« hieß die Oberliga West, weil viele Derbys mit dem Nahverkehr zu erreichen waren. Jetzt ging auch der Stern von Borussia Dortmund auf. Im Endspiel um die Westfalenmeisterschaft schickte der BVB 1947 den FC S04 ohne Titel nach Hause – erstmals seit 20 Jahren. Zwischen 1948 und 1963 gewann der BVB noch sechs Mal die Westfalenmeisterschaft und wurde drei Mal Deutscher Meister. Schalke 1958 zum bisher letzten Mal.

Der FC S04 und der BVB 09 gehörten 1963 zu den Gründungsmitgliedern der Bundesliga, gemeinsam mit dem Meidericher SV (Duisburg). Auch andere Vereine aus dem Ruhrgebiet gehörten der Bundesliga später für längere oder kürzere Zeiträume an. In den europäischen Wettbewerben aber waren nur der BVB und der FC S04 erfolgreich. Die Borussia wurde in der Bundesliga zudem noch vier Mal Deutscher Meister.

Der Erfolg der einen förderte den Niedergang der anderen im Revier: Der Profifußball und das Zechensterben ließen manchen früher ruhmreichen Club absacken bis in untere Ligen.

Die Selbstinszenierung reicht höchstens als Religionsersatz

Doch wer europaweit mitmischt, braucht Geld, mediale Präsenz und Imagepflege. Traditionsvereine wie der FC S04 und der BVB können dabei auf eine riesige Anhängerschaft zählen. Solche Treue zum Club will immer neu inszeniert sein. So wird jedes Spiel zu einem riesigen Event in und an den Fußballtempeln – mit religiöser Anmutung. Bekennende Fankleidung, feierliche Hymnen, Wechselgesänge, Monstranzen ähnelnde Pokale, wie Reliquien heimgetragene Rasenstücke oder Fanshops voller Vereins-Devotionalien sind dafür unverzichtbare Versatzstücke. Bei Lattenkrachern oder Glückstreffern hat angeblich der »Fußballgott« seine Finger im Spiel. Und die Spieler werden als Idole verehrt, als Teufelskerle bewundert, zu Ikonen verklärt und gar angehimmelt als »Fußballgott«.

Die Fußballtempel sind, so scheint's, voller Religion. Oberflächlich betrachtet, stimmt's. Bei genauem Hinschauen aber fällt auf: In den Fußballtempeln wird nicht einmal eine Ersatzreligion zelebriert. Was da abläuft, ist eine gigantische Selbstinszenierung, aus Spaß an der Freud – und die reicht höchstens als Religionsersatz.

Wie zum Beweis gibt es in der Arena Auf Schalke eigens eine Kapelle: als Ort der Ruhe, für Gottes Wort, für Besinnung und Gebet – inmitten aller Selbstinszenierung – und doch weit jenseits davon. •

▶ **DR. H.C. ALFRED BUß**
    ist Präses i.R. der Evangelischen Kirche
    von Westfalen und Beiratsvorsitzender
    des Martin Luther Forums Ruhr.

ORTE DES GLAUBENS – KIRCHEN IM RUHRGEBIET

Kirchen prägen Gemeinden, Orte und Städte.
Trotz aller Probleme sind Kirchen
auch heute noch lebendige und
kraftvolle Orte.

Die St. Reinoldi-Kirche in Dortmund als Ort der Reformation

VON ULRICH DRÖGE

Alte Innenansicht von St. Reinoldi, Datum unbekannt

Die St. Reinoldi-Kirche in Dortmund gehört zu den ältesten bezeugten Kirchen der Stadt. Man vermutet die Anfänge am Ende des 12. Jahrhunderts. Bei einem großen Stadtbrand 1231/1232 ging die erste Kirche unter und wurde dann als dreischiffige Basilika neu aufgebaut. Um 1421 begann man mit dem Bau eines Hochchores, der 1450 vollendet wurde.

Die Kirche war und ist der zentrale Ort der Stadt. Bis heute zeugen die beiden Statuen des heiligen Reinoldus (um 1317 entstanden) und seit dem 15. Jahrhundert die Kaiserstatue (diese soll nach der Überlieferung Karl den Großen darstellen), die vor dem Chor einander gegenüber aufgestellt sind, von der engen Verknüpfung von Staat und Kirche.

Die Kirche selbst wurde um 1410/20 mit dem jetzigen Hauptaltar ausgestattet. Das Chorgestühl stammt aus der zweiten Hälfte des 15. Jahrhunderts. 1469 ist das Taufbecken datiert, und das Triumphkreuz, das im Triumphbogen hängend die Kriegszerstörung im Zweiten Weltkrieg überstand, mag auch aus dieser Zeit sein, ebenso ein Adlerpult, das heute Lesepult und Predigtort ist.

Zum Inventar gehören aber auch spätmittelalterliche und frühneuzeitliche Altargeräte: Aus dem 15. Jahrhundert stammt eine silberne, spätgotische Abendmahlskanne. Ferner gibt es eine spätmittelalterliche Patene und zwei besonders wertvolle Abendmahlskelche: ein Kelch aus dem Jahr 1502, gestiftet von Detmar Berswordt, ein zweiter, von Lambert Brake gestifteter Kelch aus dem ersten Drittel des 16. Jahrhunderts. Beide Stifter waren auch Pfarrer an St. Reinoldi. Der zweite genannte Kelch könnte sicherlich einiges erzählen von den antiklerikalen Konflikten, die in der frühen Phase der Reformation in Dortmund begannen. Brakes Kaplan Johann von Berchem stand damals im Feuer der Kritik. In einer Bittschrift von Dortmunder Bürgern an den Magistrat von 1532 wird seine Amtsenthebung gefordert, nachdem er schon im Mai 1523 als »habgierig« bezeichnet wurde und sich »bei abzuhaltenden Leichenbegängnissen gierig bereicherte«.

All diese Gegenstände haben die Streitigkeiten, Verwerfungen, Zerstörungen und Kriege glücklich überstanden. Sie sind stumme Zeugen einer Zeit voller Umbrüche und Veränderungen. Noch heute werden sie in der Gemeinde in den Gottesdiensten benutzt. Wie aber haben sich die Gedanken Martin Luthers und seiner Freunde in St. Reinoldi durchgesetzt?

Offenbar führten auch in Dortmund das ausufernde Ablasswesen und die Unzulänglichkeiten des Klerus zu erheblicher

◀ Seiten 78/79
St. Vinzentius-Kirche in Bochum-Harpen: Kantatengottesdienst in
Altarraum mit Barockaltar (1699)   der St. Reinoldi-Kirche

Kritik. Befördert durch die Errichtung der Reinoldi-Schule, die die Hauptschule der Stadt war, bevor das Archigymnasium 1543 diese Rolle übernahm, wurden die Gedanken Luthers durch dessen Rektor Urban Homberger seit 1526 weitergegeben. Um 1528 veranstaltete der Magistrat – weil er wohl um die fetten Pfründen an St. Reinoldi fürchtete – ein Kesseltreiben gegen die Anhänger der neuen Lehre und verbrannte die bei einer Haussuchung erlangten lutherischen Schriften.

Bemerkenswert ist ein Bericht über zwei »Wiedertäufer« in Dortmund aus dem Jahr 1538. Dort heißt es von einem Johann Emsinkhof, dass »er nämlich mit einer brennenden Wachskerze und einer Birkenrute in seinen Händen nackt vor den Priestern in der St. Reinoldi-Kirche gegangen ist«. Danach sei er aus dem Gefängnis befreit worden und hat noch 1550 in Dortmund gelebt.

Mit der Errichtung des Archigymnasiums 1542/43 setzte eine neue reformatorische Welle ein, an der besonders der Rektor der Schule, Johann Lambach, beteiligt war. Von Lambach und seinem Freund Jakob Schöpper, Kaplan an der St. Marien-Kirche, die direkt neben der St. Reinoldi-Kirche steht, wurde ein konfessioneller Ausgleich im humanistischen Sinne versucht. Unter Schöppers Mitwirkung entstand 1553/54 das »Dortmunder Kollektenbuch«, auch das »Neue breviarium Reinoldinum« genannt. Dies wurde 1554 vom Rat an den vier Dortmunder Pfarrkirchen eingeführt. Möglicherweise wurden aber schon 1526 lutherische Lieder bei der Messe in St. Reinoldi gesungen. Das Kollektenbuch jedenfalls enthielt und ermöglichte die neue Art des Singens und die neue Gottesdienstordnung.

Die Auseinandersetzungen gingen weiter, als Johannes Heitfeld Prediger an St. Marien und wohl auch an St. Reinoldi wurde. Heitfeld soll sich offen der lutherischen Lehre zugewandt haben. Er predigte gegen päpstliche Missbräuche, wandte sich gegen die bisherige Messe und feierte das Abendmahl in beiderlei Gestalt. Der Magistrat versuchte diese Praxis jedoch 1557 zu unterbinden. Otto Stein schreibt (S. 13): »Die Bürger aber sollen unerschrocken für ihren Prediger Heidfeld eingetreten sein, sie stürmten angeblich das Haus eines Mannes namens Lambach, der sich gegen Heitfeld gestellt (hatte, U. D.) zerrten ihn in einem tumultuösen Auflauf zum Marktplatz, wo er der Volkswut zum Opfer gefallen wäre, wenn nicht der Magistrat ihn in Schutz genommen hätte.«

Der Magistrat hielt zunächst am Verbot der Kelchkommunion fest. Bürger, die das Abendmahl in beiderlei Gestalt wünschten, mussten in die Vororte der Stadt ausweichen. Erst am Palmsonntag 1562 wurde auf dringende Bitte der Bürger das Abendmahl in beiderlei Gestalt in den Dortmunder Kirchen und eben auch in St. Reinoldi gestattet und gefeiert. Diese Erlaubnis hing offenbar mit der schlechten wirtschaftlichen Situation der Stadt in diesen Jahren zusammen. Am 4. März 1562 willigten Erbsassen und Gilden am 4. März 1562 in die entsprechenden Maßnahmen des Rates ein. Der Preis, den der Rat für diese Zustimmung zahlte, war das Religionsedikt vom 19. März 1562.

Im Jahr 1566 unterblieb nach einer nochmaligen Bittschrift der Geistlichen die Elevation der Hostie (Erhebung der gesegneten Hostie) in St. Reinoldi. 1570 wurde die Reformation in Dortmund vollendet, nachdem die Geistlichkeit dem Rat eine Bekenntnisschrift vorlegte, in der er sich namentlich zum ersten Mal auf die Confessio Augustana von 1530 bezog.

Eine zunehmende Bildung, bewirkt und gefördert durch die Errichtung von Schulen, geistliche Lieder in deutscher Sprache, die die wiederentdeckte evangelische Lehre verkündigten, und selbstbewusste Bürger, die zum erneuerten Glauben standen – all dies bewirkte zusammen mit dem Magistrat, dass die reformatorischen Ziele allmählich in St. Reinoldi Gestalt gewinnen konnten. Das Edikt von 1562 und später das von 1570 beruhigten jedenfalls die Dortmunder Bürgerschaft. Die Reliquien des Hl. Reinoldus verblieben zunächst in der Kirche und wurden erst 1614 bzw. 1792 aus dem Chor von St. Reinoldi entfernt.

Die allmähliche Einführung und endliche Durchsetzung der Reformation zeigen eine kluge und maßvolle städtische wie kirchliche Politik, die die Bewahrung von städtischem Frieden und bürgerlicher Eintracht, von »Pax et Concordia«, zum Ziel hatte.   ●

▶ ULRICH DRÖGE
ist Pfarrer an St. Reinoldi in Dortmund.

▶ WEITERFÜHRENDE LITERATUR
Christian Helbich, Pax et Concordia, In: Westfalen in der Vormoderne, hrsg. v. W. Freitag u. a. Bd. 13, Münster 2012

Christian Helbich, 450 Jahre Laienkelch – 450 Jahre Reformation in Dortmund? In: Dortmunder Exkursionen zur Geschichte und Kultur, hrsg. v. T. Schilp u. a., Bd. 4, Bielefeld 2013

Otto Stein, Reinoldikirche in Wort und Bild, Dortmund 1906

Robert Stupperich, Westfälische Reformationsgeschichte. In: Beiträge zur Westfälischen Kirchengeschichte, hrsg. v. B. Hey, Bd. 9, Bielefeld 1993

Ein evangelischer Dom zeugt vom »gastfreundlichen Wesel«

—

VON ALBRECHT HOLTHUIS

Innenansicht
Willibrordi-Dom Wesel

Der Willibrordi-Dom, die evangelische »City-Kirche« in Wesel, legt schon von seiner Größe her Zeugnis ab für die Bedeutung der Stadt Wesel in der Reformationszeit. Die heutige Gestalt der Kirche entspricht in den Grundzügen der fünfschiffigen mittelalterlichen Basilika der Spätgotik, die zwischen 1500 und 1540 errichtet wurde. Damals war Wesel Mitglied des Hansebundes und eine der bedeutendsten Handelsstädte im Rheinland. Die Bezeichnung »Dom«, die ja in der Regel mit einem (katholischen) Bischofssitz in Verbindung gebracht wird, hat allerdings andere Ursprünge. Jahrhundertelang war sie die »Groote Kerk« und neben der ebenfalls beeindruckenden Mathena-Kirche das bedeutendste Gotteshaus der Stadt. Erst nach dem Zweiten Weltkrieg, als die Kirche in Trümmern lag, setzte sich die Bezeichnung »Dom« durch. Man kann dieses im Zusammenhang mit den Bemühungen um den Wiederaufbau sehen, denn vor allem »Dome« wurden seit den 50er Jahren durch Einnahmen aus »Dombau-Lotterien« primär gefördert.

Dank dieser öffentlichen Mittel, aber vor allem dank der Förderung durch Mitglieder der Evangelischen Kirchengemeinde, Weseler Bürgerinnen und Bürger und insbesondere des Dombauvereins ist der Willibrordi-Dom nach der fast totalen Kriegszerstörung 1945 wieder zu einer strahlenden Kirche geworden. Hier ist die Geschichte lebendig, aber auch die Moderne mit der Orgel und ihrem Prospekt (1999) sowie den neuen Prinzipalstücken von Altar, Kanzel, Ambo (2013) kommt zu ihrem Recht.

Während auf der anderen Rheinseite oder im nahen Westfalen nach wie vor die katholische Präsenz überall deutlich stärker zu spüren ist und sich zumeist in den größeren katholischen Kirchenbauten manifestiert hat, sticht Wesels Evangelische Kirchengemeinde mit dem Willibrordi-Dom als evangelische »Bastion« ein wenig heraus, auch wenn sich das heute an den Mitgliederzahlen nicht mehr so belegen lässt. Denn diese zeigen, dass die katholischen Christen im gesamten Stadtgebiet mit den Eingemeindungen von katholisch geprägten Dörfern inzwischen wieder leicht die Mehrheit stellen.

Eine fast rein evangelische Enklave im Herzogtum Kleve

Das war aber im Verlauf der Reformationszeit mitnichten so. Wesel war im 16. Jahrhundert nach Eintritt in die Reformation eine bedeutende, fast rein evangelische Enklave im Herzogtum Kleve und galt bald als »vesalia

Je einen kostbaren Pokal überreichten Vertreter der flämisch-niederländischen und der wallonischen Flüchtlingsgemeinden am 24. Februar 1578 dem Rat und den Bürgern Wesels als Dank für die gastliche Aufnahme in der Stadt. Eingraviert ist der Ehrenname »vesalia hospitalis«

hospitalis« (»gastfreundliches Wesel«) – als Zufluchtsort für Glaubensflüchtlinge vor allem aus den Niederlanden und Flamen.

Aber wie kam es nun dazu, dass Wesel neben La Rochelle und Genf in der Reformationszeit zu einer calvinistischen Hochburg wurde, so dass Gegner den Spruch verbreiteten: »Genf, Wesell und Rochelle, seyndt des Teufels andre Höll«?

Als Martin Luthers 95 Thesen gegen den Ablasshandel die Reformationsbewegung entfachten, hatten Wesel und im Hintergrund der einflussreiche Herzog von Kleve zwar eine (innerkirchliche) Reform der Kirche im Blick, aber zu diesem Zeitpunkt keinerlei Sympathie für die Gedanken aus Wittenberg. In den Folgejahren wurden aber vor allem im hiesigen Dominikanerkloster von einzelnen Mönchen Bibeltexte reformatorisch ausgelegt.

Auch Adolf Clarenbach, der eine kurze Zeit von 1523 bis 1525 als Konrektor der Lateinschule in Wesel tätig war, sorgte mit dafür, dass eine reformatorische Bewegung in der Stadt entstand und zunehmend auch Rückhalt im Weseler Rat fand. Anfänglich setzte sich aber der Einfluss des Herzogs von Kleve durch, der in diesen Jahren erklären ließ, dass Martin Luthers Lehre Ketzerei sei und dass sie unter Androhung von Strafe im Herzogtum – und damit auch in der Stadt Wesel – verboten sei. In der Folgezeit gab es weiterhin Versuche, sich der Reformation Luthers anzunähern. Sie wurden aber letztlich durch die Zwischenetappe des Aufkommens von Wiedertäufern in der Stadt gehindert. Durch die radikalen Täufer, die allesamt vor Gericht gestellt wurden, wurde die evangelische Sache für einige Jahre diskreditiert und in die Defensive gedrängt. Aufgehalten werden konnte sie aber nicht.

Die Bürgerschaft bat um Abendmahl unter beiderlei Gestalt

Vor allem dank des reformfreundlichen Bürgermeistes Wessel van Bert sowie des neuen Predigers Iman Ortzen wurde die Entscheidung Wesels zugunsten der Reformation vorbereitet. Iman Ortzen war ab 1536 neben dem papsttreu gesonnenen Anton von Fürstenberg

Ein evangelischer Dom:
der Willibrordi-Dom Wesel

Zweig der Reformation zu. Sicher war das auch dem Ansturm der vielen calvinistisch geprägten Glaubensflüchtlingen aus den Niederlanden geschuldet. Diese fanden angesichts der Verfolgung unter dem katholischen Herzog Alba in den Niederlanden Zuflucht in Wesel und prägten allein durch ihre hohe Anzahl das Glaubensleben in der Stadt.

Aus dieser Zeit stammt auch der sprichwörtliche Ruhm Wesels als »vesalia hospitalis«. Diesen Ehrennamen erhielt Wesel 1578 von flämischen Religionsflüchtlingen, die sich in unserer Stadt herzlich aufgenommen fühlten. 1568 hatte hier zuvor der »Weseler Konvent« stattgefunden, der die wesentlichen Prinzipien einer »presbyterial-synodalen« Kirche, wie sie im Rheinland noch heute prägend sind, hervorbrachte. Das heißt: Die Leitung von Kirche und Gemeinden liegt auf allen Ebenen bei gewählten Mitgliedern und geschieht grundsätzlich gemeinsam.

»Ich war ein Flüchtling, und ihr habt mich beherbergt«

Im 19. Jahrhundert wurde die Evangelisch-reformierte Gemeinde zusammen mit der kleineren lutherischen Gemeinde Wesel als »Evangelische Kirchengemeinde Wesel« vereinigt (1817). In 20. Jahrhundert bildeten sich bedingt durch die geschichtlichen Ereignisse die heutigen kirchlichen Zentren aus. So wurde die Kirche am Lauerhaas 1931 in Obrighoven erbaut. Nach der Zerstörung der beiden evangelischen Stadtkirchen (Mathena-Kirche und Willibrordi-Kirche) im Zweiten Weltkrieg begann der Wiederaufbau des Willibrordi-Domes, der im Grunde bis in die gegenwärtige Zeit andauert. Schließlich wurden in den Stadtteilen Fusternberg 1949 mit der Gnadenkirche und 1965 in der Feldmark mit der Friedenskirche neue Gemeindezentren errichtet.

Die Geschichte der Gemeinde, die von Gastfreundschaft, Öffnung und Toleranz und evangelischen Traditionen geprägt ist, ist auch eine Verpflichtung für heutige und künftige Generationen ihrer Mitglieder. Das alte Siegel, das bis heute in der Gemeinde gebräuchlich ist, zeugt von diesem Geist. Auf ihm ist ein niederländischer Flüchtling mit einem Spruchband dargestellt. Das Spruchband trägt die lateinische Aufschrift »hospis fui et collegistis me«. Zu Deutsch: »Ich war ein Flüchtling, und ihr habt mich beherbergt« (Matthäus 25,35). ●

zum Prediger (Kaplan) an der Willibrordi-Kirche bestellt worden. Als er wegen seiner evangelischen Predigtweise von Fürstenberg angegriffen wurde, verteidigte und unterstützte ihn der Rat der Stadt Wesel.

Schließlich trat am Palmsonntag 1540 nach dem Abendgottesdienst auf dem Markt eine Abordnung der Bürgerschaft auf die beiden Bürgermeister, Wessel von Bert und Johannes Schilling, zu. Sie übergaben ein schriftliches Bittgesuch: In Wesel möge doch das Heilige Abendmahl gemäß der Einsetzung Christi und in der Form, die jetzt gelehrt werde, nämlich unter beiderlei Gestalt, gereicht werden. Dieses Bittgesuch wurde vom Rat der Stadt Wesel befürwortet, der wiederum den Herzog bat, dieses zu unterstützen. Der Herzog, der inzwischen in Sachen Kirchenangelegenheiten die Zügel lockerer hielt, lenkte schließlich ein.

In der Antwort hieß es: Er sei ein weltlicher Fürst, diese Frage gehe die geistliche Obrigkeit an. Er habe darin nicht zu gebieten und zu verbieten. Doch stelle er frei, dass die, die recht unterrichtet und verständig seien, das Abendmahl unter beiderlei Gestalt empfangen dürfen. Die es aber noch nicht verstünden oder aber diesen Wunsch nicht hätten, sollten nach ihrem Gewissen handeln.

Am ersten Ostertag 1540 wurde das Abendmahl unter beiderlei Gestalt, also in evangelischer Form mit Brot und Wein, gefeiert. Auch außerhalb Wesels galt von da an die Stadt als evangelisch.

Im weiteren Verlauf der Reformation wandte sich die Stadt schließlich mehr und mehr dem calvinistischen (reformierten)

▶ ALBRECHT HOLTHUIS
ist Pfarrer in der Evangelischen Kirchengemeinde Wesel und Vorsitzender des Presbyteriums.

Die Marktkirche Essen (St. Gertrudis)

Ort der Reformation einer Stadt

—

VON HEINRICH GEHRING

Der kleinen, nach dem Zweiten Weltkrieg als Torso wiedererrichteten Essener Marktkirche, ehemals St. Gertrudis, sieht man nicht an, dass sie über Jahrhunderte im Zentrum der kirchlichen und bürgerschaftlichen Essener Stadtgeschichte stand. Gegenüber der beeindruckenden katholischen Stiftskirche, dem heutigen Bischofssitz, bleibt diese evangelische Kirche trotz des vor ihr stehenden Krupp-Denkmals und trotz der jüngsten Erweiterung durch einen blauen Glaskubus unscheinbar. Der Blick in die Geschichte dieser im Volksmund »Sünte Gerd«

genannten und 1054 zum ersten Mal in einem Testament erwähnten Kirche aber zeigt ihre Bedeutung. In ihr fanden die Ratswahlen statt. Gilden und Ämter trafen sich hier zu wichtigen Entscheidungen. An ihrer auf den Markt ausgerichteten Eingangspforte wurden die Bekanntmachungen des Rates angeschlagen. Von ihrem Turm aus beobachteten die Stadtwächter das Geschehen und schlugen gegebenenfalls Alarm. Auf zahlreichen Altären wurden in dieser Kirche Messen gelesen. Das Kircheninnere – frei von Bänken – war der Versammlungsplatz des Rates und seiner Bürger, einer

Ansicht mit der Markt-
kirche um 1650

▶ **Seite 87**
Die Marktkirche in der
Essener City mit Alfred-
Krupp-Denkmal.
Die Kirche ist heute
Gottesdienststätte des
Kirchenkreises Essen.
Außerdem finden hier
regelmäßig Konzerte,
Vorträge und Ausstellun-
gen statt

◀ **Seite 85**
Wiedereröffnung der
Marktkirche in Essen und
Einweihung des blauen
Kubus mit Essener
Prominenten, unter
ihnen Berthold Beitz,
im April 2006

ständisch geordneten Bürgerschaft, die schon in katholischer Zeit selbstbewusst gegenüber dem reichsständischen Essener Damenstift und seiner Fürstäbtissin ihre erworbenen Rechte und Unabhängigkeiten behauptete.

Mit der Einführung der Reformation sagten sich Rat und Bürger der Stadt Essen endgültig vom Stift und von der Fürstäbtissin als Landesherrin los. Der Rat beanspruchte also für sich das im Augsburger Religionsfrieden von 1555 für reichsständische Obrigkeiten ermöglichte Recht, die lutherische Konfession zu wählen. Damit versuchte die Stadt Essen, sich gegenüber dem Stift als unabhängige Reichsstadt zu profilieren.

Vor allem aber wurde mit der Einführung der Reformation in Essen ein Volksbegehren erfüllt, das seit Jahren schon die Herzen der Menschen dieser Stadt aufrührte und bewegte. Das öffentliche Singen der verbotenen Lutherlieder durch das Kirchenvolk bedrängte nicht nur die katholische Geistlichkeit, sondern auch den Rat, endlich zu handeln.

Schon Weihnachten 1560 hatte die Bürgerschaft den Rat zur Entscheidung gedrängt. Die Menschen sangen beim Gottesdienst in der Marktkirche die reformatorischen Lieder in deutscher Sprache, die sie seit Langem auswendig kannten. Die lateinischen Gesänge des ungeliebten Ortspriesters wurden »niedergesungen«. Man ließ ihn nicht mehr zu Wort kommen. Das Kirchenvolk forderte energisch vom Rat die Einsetzung eines evangelischen Pfarrers.

Die mit der Marktkirche als Bürgerkirche verbundene Durchsetzung der Reformation in Essen fand ihre inhaltliche

Prägung in dem klugen, gelehrten und zugleich volksnahen lutherischen Theologen Heinrich Barenbroch.

Heinrich Barenbroch wurde etwa 1525 in Kempen am Niederrhein geboren, also in einer Zeit, als sich Luthers reformatorische Schriften an den Universitäten und Fürstenhöfen, in den Rathäusern und in den Klöstern in ganz Europa verbreiteten. Heinrich Barenbroch verstarb am 25. Mai 1587 in Essen, also in einer Zeit der erstarkenden Gegenreformation. Er wurde auf Beschluss des Rates in der Marktkirche begraben. Dort erinnert heute eine Gedenktafel an ihn.

Barenbroch hatte unter dem Reformbischof Hermann von Wied in Köln studiert. Der Essener Bürgermeister und Weinhändler Heinrich van Aken lernte ihn auf seinen Reisen an den Rhein als Pfarrer in Bacharach kennen und schätzen. Auch als Barenbroch in Pfalzgraf Herzog Wolfgang von Pfalz-Zweibrücken einen neuen lutherischen Landesherren fand und zum Pfarrer in Kastellaun berufen wurde, brach der Kontakt nach Essen nicht ab. Er wurde im Herzogtum zu den besonders »gelehrten und rechtschaffenen Kirchendienern« gezählt.

Von Kastellaun aus brach Heinrich Barenbroch im April 1563 zu seiner ersten und entscheidenden Reformationsreise nach Essen auf. Ein vorausgehender Schriftwechsel zwischen Barenbroch, dem Rat der Stadt Essen und dem Pfalzgrafen dokumentiert die Bemühungen, die notwendig waren, um Barenbroch zur Durchführung der lutherischen Reformation für Essen freizustellen.

Vom 28. April bis zum 17. Mai 1563 lebte und wirkte Heinrich Barenbroch in Essen. In diesen wenigen Tagen band der

außergewöhnlich begabte und gebildete Theologe die Stadt Essen – Rat, Bürger und Kirchenvolk – fest an die lutherische Reformation. Heinrich Barenbroch verpflichtete den Rat, sich streng an der Confessio Augustana zu orientieren.

Am 2. Mai 1563 wurde in der Marktkirche der erste lutherische Abendmahlsgottesdienst gefeiert. Die gesamte Bürgerschaft, überliefert sind mehr als 500 Teilnehmer, empfing von Heinrich Barenbroch die Kommunion in beiderlei Gestalt. Zu Recht gilt dieser 2. Mai 1563 in Essen als Reformationstag.

Erst im Dezember 1572 – zwischenzeitlich musste Heinrich Barenbroch bei verschiedenen Aufenthalten in Essen aufgebrochene Religionsstreitigkeiten glätten – zog er mit seiner Familie endgültig nach Essen und trat nun endlich die für ihn vom Rat eingerichtete Pfarrstelle an der Bürgerkirche St. Gertrudis an. 15 Jahre wirkte Barenbroch dort – von Rat und Volk hochverehrt – bis zu seinem Tod.

Fünfzig Jahre lang blieb Essen eine im Wesentlichen lutherisch geprägte Stadt mit der Marktkirche in ihrem Mittelpunkt. 1613 wurde der in Düsseldorf residierende Herzog von Kleve und Schutzherr der lutherischen Stadt Essen katholisch. Wie ein trotziges »Dennoch« gegen die nun drohende Rekatholisierung und zugleich gegen das Vordringen der Reformierten wurde 1614 in Essen das betont lutherische Essendische Gesangbuch gedruckt. Dieses Gesangbuch ist das Vermächtnis der lutherischen Geschichte Essens. Es dokumentiert zugleich, welchen Stellenwert der Gesang der evangelischen Psalmen und Choräle für das lutherische Essener Kirchenvolk in der Marktkirche (1610 erklang dort zum ersten Mal eine Orgel) hatte.

Auf der Schlussseite dieses Gesangbuches finden wir einen Holzschnitt mit den Essener Kirchen St. Gertrudis, St. Johann und dem Oktogon der Stiftskirche. Darüber breitet sich das aufgeblühte Evangelium aus, drei Blumen, die aus einem dürren Ast entspringen. Gekrönt wird das Bild von der Wittenbergischen Nachtigall, die über der Stadt Essen das lutherische Lied singt. ●

▶ **HEINRICH GEHRING**
war Gemeindepfarrer in Essen-Borbeck und Stadtsuperintendent von Essen.

....

▶ **WEITERFÜHRENDE LITERATUR**
Ute Küppers-Braun, Die Essener Markt-/St. Gertrudiskirche im 16. und 17. Jahrhundert. In: Essener Beiträge, 127. 2014, S. 45–71.

Heinrich Gehring, »... daß wir doch den teuren Mann möchten behalten«. Die Durchsetzung der Reformation durch Volk und Rat in der Stadt Essen. Festschrift zum Jubiläum »450 Jahre Evangelische Kirche in Essen 1563–2013«, Essen 2013

Die Salvatorkirche in Duisburg

VON THORSTEN FISCHER

Im Jahr 1316 begann man in Duisburg mit dem Bau der heutigen spätgotischen Salvatorkirche, da der romanische Vorgängerbau aus der Mitte des 12. Jahrhunderts wohl bei einem großen Stadtbrand im Jahr 1283 zerstört worden war. Bereits im 9. Jahrhundert stand an gleicher Stelle eine steinerne Hallenkirche, die zu einem karolingischen Königshof gehörte. Nach der Anlage der Duisburger Kaiserpfalz im 10. Jahrhundert im Bereich des heutigen Burgplatzes übernahm die Kirche die Funktion einer Pfalzkapelle. Im Jahr 1254 erlangte der Deutsche Orden die Patronatsrechte über die Salvatorkirche und behielt sie bis zur Reformation. In diesem Zeitraum war der Pfarrer der Salvatorkirche stets ein Deutschordensritter. Das Kirchenvermögen wurde allerdings von städtischen Kirchmeistern verwaltet. Sie waren für die Anstellung von Küster und Turmwächter zuständig, die wiederum aus dem städtischen Etat bezahlt wurden. Zahlreiche Eintragungen in den Stadtrechnungen belegen, dass die Stadt auch die Kosten für den Bau des Salvatorkirchturms zu tragen hatte. Der Kirchbau konnte im Jahr 1415 abgeschlossen werden und der Turm gehörte mit einer Höhe von 106 Metern zu den höchsten in Nordwestdeutschland. Durch eine Unachtsamkeit des Turmwächters, Adolf Liefappeler, der bei brennender Kerze eingeschlafen war, brannte der Turm am Palmsonntag des Jahres 1467 vollständig ab. Spätere Chronisten berichten, dass das Feuer so stark war, dass sogar die Glocken schmolzen. Die Duisburger machten sich rasch an den Wiederaufbau des Turmes, der im Jahr 1513 vollendet werden konnte. Die älteste erhaltene Darstellung der Salvatorkirche zeigt die Kirche mit diesem erneuerten Turm. Die Zeichnung befindet sich auf dem sehr detaillierten Duisburger Stadtplan des Johannes Corputius aus dem Jahr 1566. Der Turmhelm wurde am 8. Juni 1613 von einem Blitz getroffen und vollständig zerstört. Im Zuge der Wiederaufbaumaßnahmen bekam die Kirche im Jahr 1682 eine barocke Zwiebelhaube, die bis zu den neogotischen Umbauten (1903/04) erhalten blieb. Während der Regotisierung wurde der Turm durch ein oktogonales Glockengeschoss erhöht und wieder mit einem spitzen Helmabschluss versehen. Am 13. Mai 1943 wurden der Helm und große Teile der Kirche durch einen alliierten Bombenangriff ein weiteres Mal zerstört. Im Rahmen der Wiederaufbauarbeiten verzichtete man auf einen Helmabschluss.

Salvator mundi: Vom Kirchen- und Stadtpatron zum Symbol der »abgotterie«

Es ist davon ausgehen, dass die Kirche des 9. Jahrhunderts bereits über ein Salvatorpatrozinium verfügte. Der Salvator mundi (= Erlöser der Welt) war in Duisburg aber nicht nur Kirchenpatron, er war auch Schutzpatron für die gesamte Stadt. In der Kirche befand sich eine als wundertätig verehrte hölzerne Statue des Salvators, die bei Prozessionen mitgeführt wurde und Duisburg zu einem regionalen Pilgerziel machte. Da eine solche Heiligenverehrung nicht in Einklang mit den Grundsätzen des reformierten Bekenntnisses zu bringen war, geriet die Figur immer stärker ins Visier der Anhänger der Reformation, die in der Stadt zunehmend an Einfluss gewannen. Am 11. Februar 1555 schließlich beschloss der städtische Rat mit nur einer Gegenstimme, dieses Symbol des katholischen Glaubens, das »miraculeuse bildniß« Christi, welches nur »abgotterie« sei, aus der Kirche zu entfernen. Die Statue wurde wohl in eine kleine Kammer im Turm der Kirche verbracht. Nach einer legendenhaften Erzählung soll ein Bauer die Figur heimlich an sich genommen haben, um sie mit seinem Karren ins katholische Köln zu bringen. Da er auf seinem Weg nach Köln gleich dreimal auf wundersame Weise nach Nievenheim (heute Dormagen) gelenkt wurde, sah er hierin ein Gotteszeichen und übergab die Statue der dortigen Kirche, in der sie sich heute noch befindet.

Die Salvatorkirche in der Reformation

Die Stadt Duisburg gehörte zu den Vereinigten Herzogtümern Jülich-Kleve-Berg, in denen sich Herzog Wilhelm der Reiche (1516–1592) um einen Mittelweg zwischen dem katholischen Glauben und der lutherischen Lehre bemühte. Deshalb fanden zahlreiche niederländische und englische Glaubensflüchtlinge Zuflucht am Niederrhein. In Duisburg verbreiteten die Exilanten auch die Lehre des Genfer Reformators Jean Calvin (1509–1564), die in der Stadt in den folgenden Jahren erheblichen Einfluss bekommen sollte. Ein wichtiges Datum für den Beginn der Reformation ist der 10. Dezember 1543. An diesem Tag wies der Stadtrat sowohl den Pastor von St. Salvator als auch den Komtur der Marienkirche an, nur »gute Prädikanten« anzustellen.

Salvatorkirche mit barocker Haube aus dem 17. Jahrhundert (Foto um 1900)

Während in der Marienkirche Johannes Rithlinger zum ersten Mal Ostern 1554 das Abendmahl in beiderlei Gestalt unter Benutzung eines einfachen, weiß gedeckten Tisches feierte, widersetzten sich die Deutschherren zunächst dieser Anordnung. In der Folge wurde der Druck von den reformierten Duisburgern so sehr erhöht, dass 1558 mit Petrus von Benden aus Neukirchen bei Moers zum ersten Mal ein reformierter Pfarrer an die Salvatorkirche berufen werden konnte. Allerdings trat somit die kuriose Situation ein, dass ein Geistlicher nach katholischem Ritus und ein anderer nach evangelischem Ritus das Abendmahl austeilte, während z. B. das Taufwasser gemeinsam verwendet wurde. Kurze Zeit später verlor der Deutsche Orden das Patronatsrecht über die Kirche endgültig an die Stadt. Dass die Reformierten in den folgenden Jahren die Oberhoheit gewannen, zeigt sich auch darin, dass die erste reformierte Generalsynode der Vereinigten Herzogtümer in Duisburg stattfand. Vom 7. bis zum 11. September versammelten sich 36 Pfarrer und Presbyter in der Salvatorkirche, die noch über ihre katholische Ausstattung verfügte, und legten die Grundlagen für die presbyterial-synodale Kirchenstruktur im Rheinland.

Da der Calvinismus jeglichen religiösen Bilderschmuck radikal ablehnte, kam es bereits 1566 zu zahlreichen Bilderstürmen in den Niederlanden. Als im Jahr 1613 während eines heftigen Unwetters der Blitz in den Turm der Salvatorkirche einschlug und dieser niederbrannte, sah Petrus Scriverius, Pfarrer der Marienkirche und Teilnehmer an der Synode von 1610, in diesem Unglück ein Zeichen göttlichen Zorns über die Beibehaltung der katholischen Messe und die Bildwerke in der Salvatorkirche. Gemeinsam mit dem Pfarrer von St. Salvator, Matern Heider, stachelte er die Bürgerschaft mit scharfen Predigten zum Bildersturm an. Noch am selben Abend stürmte eine größere Menschenmenge die Kirche, zerstörte alle fünf Altäre und entfernte alle Bildwerke. Mit dieser radikalen Aktion wurde die Salvatorkirche zur alleinigen Kirche der reformierten Duisburger Gemeinde. Als Kurfürst Friedrich Wilhelm von Brandenburg (1620–1688) am 14. Oktober 1655 in Duisburg eine reformierte Landesuniversität gründete, fand die feierliche Eröffnung in der Salvatorkirche statt. Von den 5000 Einwohnern, die Duisburg bis ins 19. Jahrhundert hinein hatte, waren die meisten evangelischen Glaubens. •

▶ **THORSTEN FISCHER**
ist Historiker und Lehrbeauftragter am Lehrstuhl für Mittelalterliche Geschichte der Universität Duisburg-Essen.

Die St. Vinzentius-Kirche Harpen

Schatzkammer des Nordens

—

VON GERALD HAGMANN UND KARL-HEINZ SARETZKI

In einer Stadt mit wenigen historischen Baudenkmälern hat die St. Vinzentius-Kirche in Bochum-Harpen einen besonderen Stellenwert. Sie ist Zeugnis einer großen Kirchenbaukunst westfälischer Vorfahren. Das Alter der Kirche lässt sich ziemlich genau bestimmen: Der steinerne Baukern entstand um das Jahr 1000 auf einer kleinen Anhöhe. Grabungsarbeiten brachten Reste eines Chorraum-Fundaments im »Fischgrätenmuster« zutage, eine typische Bauform der ottonisch-karolingischen Zeit um 800–1000.

Eine Kostbarkeit ist die Altarplatte aus der ersten Saalkirche. Sie trägt das aus Baumberger Sandstein gemeißelte Dreikönigsrelief eines unbekannten Künstlers aus dem Münsterland (um 1400). Das Relief zeigt die Anbetung der drei Weisen, die nach den Lebensphasen als Jüngling, Mann und Greis gestaltet sind. Sie bringen ihre kostbaren Schätze dem Kind, das auf dem Schoß der thronenden Maria sitzt.

Ein wichtiger Zeuge der Vergangenheit ist auch der Memorienstein, der an den Laienbruder Ludolf erinnert. Er war vermutlich der Baumeister der kleinen steinernen Saalkirche. Schrift und Ornamentik weisen auf die Jahre 1000 –1050. Eine Silbermünze aus der Zeit von 997 bis 1012, die bei einem Umbau gefunden wurde, bestätigt das Alter der Kirche.

Der Schutzpatron des Gotteshauses, St. Vinzentius, war ein spanischer Märtyrer, der im Jahre 304 in Saragossa verbrannt wurde. Der Namensgeber der Kirche – im 15. Jahrhundert aus Sandstein gemeißelt – hat heute seinen Ehrenplatz am nördlichen Hauptpfeiler der romanischen Basilika, wo er mit der Bibel in der rechten und einer Fackel in der linken Hand auf einem Sockel steht.

Weitere außergewöhnliche Elemente der Kirche sind der Taufstein, dessen oberer Ring mit der Darstellung einer Gans als dem Symbol der Reinheit auf das 12. Jahrhundert weist, und die beiden unterschiedlichen Sakramentshäuser aus dem 13. und 15. Jahrhundert mit wertvollen Preziosen.

Der imposante farbenfrohe Barockaltar stammt aus dem Jahr 1699. Auf der zentralen Darstellung des Sakramentsaltars ist die Abendmahlszene der Verleugnung des Judas in einem getäfelten Münsteraner Festsaal dargestellt. In einem kleineren Oval darüber sieht man die Taufe Jesu durch Johannes. Ganz oben auf dem Altar schwingt der auferstandene Christus die Siegesfahne. Rechts und links begrenzen zwei Engel mit Palmenwedeln den Altar.

Einzigartig: Bergmannsfenster mit Bildern aus der Arbeitswelt

Einzigartig sind die Fenster im Südanbau der Kirche. Sie zeigen nicht etwa biblische oder christliche Motive, sondern sind Abbildungen aus der Arbeitswelt der Kumpel des Ruhrgebietes: »Einfahrt in die Grube, Hauer vor Ort, Löschen des Koks«. Die Bergmannsfenster wurden von der Berliner Künstlerin Margarete Stark gestaltet und von der Glaserwerkstatt August Wagner (Berlin) ausgeführt.

Im Kirchturm hängt ein Zwillingsgeläut aus den Jahren 1483 und 1484. Die beiden Glocken tragen die Namen »Maria« und »Vinzentius«. Sie sind in einem Halbton-Abstand mit f und

◄ **Seite 90**
Dreikönigsrelief auf der Altarplatte aus der
ersten Saalkirche

◄

Der Namensgeber der Kirche – St. Vinzentius –
hat heute seinen Ehrenplatz am nördlichen
Hauptpfeiler der romanischen Basilika

fis gestimmt. Bei Schachtungsarbeiten auf der gegenüberliegenden Straßenseite der Kirche wurde eine Gießgrube freigelegt, in der die beiden Glocken im Geburtsjahr der Reformatoren Luther und Zwingli gegossen wurden.

Die Orgel mit 20 Registern wurde 1978 von der Orgelbaufirma Bosch in Kassel gebaut. Dabei wurden elf Register der Vorgängerorgel von 1886/87 übernommen. Doch schon viel früher erklang Orgelmusik in der St. Vinzentius-Kirche: Ein Reparaturschein aus dem Jahr 1608 belegt, dass es schon vor 400 Jahren eine Orgel in der St. Vinzentius-Kirche gegeben hat.

Durch ihre besondere bauliche Struktur mit romanischen und gotischen Bauelementen der Mauern, Säulen, Fenster und des Deckengewölbes bietet die über 1000 Jahre alte Kirche beste akustische Voraussetzungen für unterschiedliche Konzerte und andere Kulturveranstaltungen.

»Bei uns lebt christlicher Glaube«

Die St. Vinzentius-Kirche trägt historische Spuren eines Gemeindelebens, das über Jahrhunderte den Ortsteil geprägt hat. Die Spuren im Kirchenraum deuten darauf hin. Auch die

Gemeinde der Gegenwart ist aktiv und hinterlässt Spuren in diesem lebendigen Denkmal. Die Evangelische Kirchengemeinde Harpen hat ein Leitbild entwickelt, das die Gemeindearbeit maßgeblich prägt: »Wir sind eine Gemeinde aus lebendigen Steinen, in deren Mittelpunkt die über 1000-jährige St. Vinzentius-Kirche steht. Bei uns lebt christlicher Glaube.«

Ein engagiertes Gemeindeleben erfolgt im Sinne des Priestertums aller Getauften durch das große Engagement von etwa 200 ehrenamtlichen Mitarbeiterinnen und Mitarbeitern.

Besondere Bedeutung hat die diakonische Arbeit der Gemeinde – nicht zuletzt durch die Einrichtung einer DiakonenStelle, die das Team der Pfarrerin und des Pfarrers unterstützt. Großgeschrieben werden außerdem die Jugendarbeit sowie die Handlungsfelder Gottesdienst, Kunst und Kultur.

Seitdem das Ruhrgebiet im Jahr 2010 Kulturhauptstadt war, prägt die Gottesdienst-Reihe »Mit Herzen, Mund und Händen« die gottesdienstliche Landschaft in der St. Vinzentius-Kirche: Regelmäßig werden Personen des öffentlichen Lebens zu einer Predigt oder Kanzelrede eingeladen. Zu Gast waren bereits Bundestagspräsident Prof. Dr. Norbert Lammert, der ehemalige Bundestagsvizepräsident Dr. Wolfgang Thierse oder die ehemalige Bundestagsvizepräsidentin Katrin Göring-Eckardt. Auch prominente Vertreterinnen und Vertreter aus Kirche, Kunst und Medienwelt haben bereits die Einladung zu einer Predigt oder Kanzelrede in die St. Vinzentius-Kirche angenommen. Aus dieser Gottesdienst-Reihe hervorgegangen ist die bundesweite Initiative www.oekumene-jetzt.de, mit der Personen des öffentlichen Lebens für Einheit und eine Überwindung der Kirchentrennung werben. •

▶ **DR. GERALD HAGMANN**
  ist Superintendent des Evangelischen Kirchenkreises Bochum und
  war bis August 2015 Pfarrer in der Evangelischen Kirchengemeinde
  Bochum-Harpen.

▶ **KARL-HEINZ SARETZKI**
  ist Mitglied des Kulturausschusses der Evangelischen Kirchengemeinde Bochum-Harpen und ehemaliger Kirchenmusikdirektor.

Die Kirche der Kulturen – ein lebendiger und kraftvoller Ort

VON THOMAS SCHÖPS

Dialog der Kulturen und Religionen: Im Kulturhauptstadtjahr 2010 ließ das Projekt »Synagoge-Kirche-Moschee. Dialog der Erscheinungen« neben der Bleckkirche Räume des Glaubens der abrahamitischen Religionen entstehen: links neben der Kirche die jüdische Synagoge, im Bild rechts die muslimische Moschee

Aus einem konfessionellen Konflikt ist sie entstanden. Sie durchlebte marode und prosperierende Zeiten, war ein Zentrum der dunkelsten Zeit deutscher Geschichte, um heute einer der lebendigsten und multikulturellsten Orte der Stadt zu sein. Die Bleckkirche – Kirche der Kulturen ist Gelsenkirchens ältestes, nach dem Zweiten Weltkrieg erhaltenes Kirchengebäude. 1735 erbaut und in den folgenden eineinhalb Jahrhunderten im Laufe des Zuzugs in die entstehende Montanregion Ruhrgebiet mehrfach erweitert, erhielt sie 1889 ihre endgültige Gestalt.

Als besonderes kunst- und kirchenhistorisches Kleinod beherbergt die Capelle am Blecke, wie sie ursprünglich hieß, einen Renaissance-Altar aus dem Jahr 1574. Er wurde von einem der ersten lutherischen Adligen der Region, Heinrich von Knipping, und seiner Frau Isabella von Nesselrode gestiftet und diente in der Kapelle des Schlosses Grimberg, dem Anwesen der von Knippings, als Gottesdienstaltar und als Grabmal, unter dem die Stifter beigesetzt wurden.

Mit dem »Grimberger Altar«, der in seinem Altarbild ein sogenanntes »Westfälisches Abendmahl« zeigt, wurde erstmalig ein Prinzipal in Westfalen geschaffen, das die Grundlegungen des Glaubens und der Kirchenlehre des Protestantismus explizit aufgreift und umsetzt. Er ist damit anerkanntermaßen einzigartig in seiner Form und Entstehung in der ganzen evangelischen Kirche von Westfalen und von daher ein besonders zu würdigendes Abbild protestantischer Religions- und Kulturgeschichte der Ruhr-Region.

In den Jahren 1992 bis 1996 wurde die Bleckkirche innen wie außen aufwändig restauriert und darf sich heute sicher als eine der schönsten historischen Kirchen Gelsenkirchens bezeichnen. Seit ihrer Renovierung dient die Bleckkirche dem Evangelischen Kirchenkreis Gelsenkirchen und Wattenscheid vor allem als ein Ort der Verbindung von zeitgenössischer Kultur und protestantischem Glauben. Damit wurde sie zu einem Ort der Begegnung von Menschen, die an dieser Verbindung interessiert sind; ohne Blick auf Konfession, Kirchenmitgliedschaft oder Religionszugehörigkeit.

Im Juni 1996 wurde die Bleckkirche mit einem Festgottesdienst der Öffentlichkeit nach zweijähriger Restaurierungsphase wieder übergeben. Im September startete die erste Veranstaltungsreihe in Gelsenkirchens erster Stadt- und Kulturkirche. Ein multimediales Projekt aus Kunst, Musik, Theater und Gottesdiensten widmete sich dem Thema »Liebe, Lust & Leidenschaft im Horizont der Bibel«. Der Titel des Projekts sollte zum Motto für nun mehr fast 20 Jahre kultureller und soziokultureller Angebote an der Bleckkirche werden. Mittler-

Die Bleckkirche ist Gelsenkirchens ältestes, nach dem Zweiten Weltkrieg erhaltenes Kirchengebäude

weile ist die älteste Kirche Gelsenkirchens als Schnittstelle zwischen zeitgenössischer Kultur und Glaube, Gesellschaft und Religiosität aus dem kulturellen Leben der Stadt nicht mehr wegzudenken.

Einen ihrer Höhepunkte fand die Bleckkirche im Kulturhauptstadtjahr 2010, als sie mit dem interreligiösen Projekt »Synagoge-Kirche-Moschee. Dialog der Erscheinungen« um Verständigung der drei abrahamitischen Religionen warb und damit zum offiziellen Projekt der Kulturhauptstadt Europas Ruhr.2010 wurde.

Über 600 Veranstaltungen fanden aus den Bereichen Musik, Theater, Kunst, Tanz, Literatur und Film statt, außerdem Gottesdienste und Diskussionsrunden. Rund 4500 Künstler und Kulturschaffende aller Art gestalteten das Programm und weit über 50.000 Gäste erlebten diese vielfältigen Angebote. Zählt man die Passantenbesuche zu den Öffnungszeiten und die Beteiligten der zahlreichen Taufen und Trauungen noch hinzu, haben an die 150.000 Menschen die Bleckkirche in der Zeit nach ihrer Restaurierung besucht.

Hinter dieser nüchternen Statistik allerdings steht der eigentliche Gewinn des Projekts, der sich durch die vielen fruchtbaren Begegnungen und das kreative Miteinander in diesen Jahren auszeichnete, um die Kultur als »Spielraum der Freiheit« (Dietrich Bonhoeffer) zu öffnen und zu fördern. Darin sieht die evangelische Kirche in Gelsenkirchen ihren Auftrag und Beitrag zur Gestaltung des kulturellen Lebens in ihrer Stadt.

Kirchen sind »Räume der Begegnung«, wie die Evangelische Kirche in Deutschland auch ihre Denkschrift zum Verhältnis von Religion und Kultur in evangelischer Perspektive aus dem Jahre 2002 betitelte. Und sie stellt in dieser Verhältnisbestimmung zwei entscheidende Grunddeterminanten kirchlicher Kulturarbeit heraus. Zum einen: Kultur gibt es nur in Kulturen. Darum öffnen wir uns der Begegnung mit den Zeiterscheinungen von Pluralität und Diversität in unserer Gesellschaft und begleiten und fördern das Miteinander von Kulturen als Partnerin in einem Dialog auf Augenhöhe.

Zum anderen: Kirchen sind öffentliche Räume, sie gehören nicht nur dem festen Kern einer Gemeinde der Gläubigen. Sie wollen beheimaten, auch jene, die am Rande unserer Kirche stehen, die Zweifler, die Unentschlossenen, die Suchenden, die religiösen und kulturellen Grenzgänger. Nur als öffentlicher Raum, allen zugänglich und zugehörig, erweisen sich unsere Kirchen als wahre Orte des Zugangs zur eigenen Identität und Spiritualität.

Und gerade in den Fragen nach dieser Identität und Spiritualität, nach Vergewisserung und Orientierung, nach tragfähiger Gemeinschaft und solidarischem Miteinander begegnen sich die Botschaft des Evangeliums und das Bemühen von Kunst und Kultur auf besondere Weise. Beide, Kirche und Kunst, bieten die Möglichkeit, aus unterschiedlicher Perspektive Antworten auf die Fragen des Menschseins miteinander ins Gespräch zu bringen.

Unter diesem Horizont entfaltet sich die Kulturarbeit der evangelischen Kirche und es bleibt zu hoffen, dass auch unter den schwierigen finanziellen Bedingungen, die die Kirche zurzeit zu durchleben hat, mit der fortlaufenden Unterstützung, Zuwendung und Hilfe der über die Jahre verbundenen Partnerinnen und Partner die Bleckkirche – Kirche der Kulturen in Gelsenkirchen – der lebendige und kraftvolle Ort bleibt, als der sie sich in den letzten 19 Jahren entfalten durfte, und das bezeichnenderweise an einer Stelle, die als eine der Keimzellen des Protestantismus in der Ruhrregion angesehen werden kann. ●

▶ **PFARRER THOMAS SCHÖPS**
ist Beauftragter für Kunst & Kultur im Evangelischen Kirchenkreis Gelsenkirchen und Wattenscheid.
www.bleckkirche.info

GLAUBE, WISSENSCHAFT UND KUNST

Neues Leben in alten Kirchen. Religiöse Vielfalt an Rhein und Ruhr. Musik als kirchliche Kultur-Reformation.

Das Martin Luther Forum Ruhr

Die spannende Auseinandersetzung mit dem kulturellen Erbe des Reformators

—

VON WERNER CONRAD

Eine unauffällige Wohnstraße im Osten der Stadt, wie viele andere auch in Gladbeck mit seinen rund 75.000 Einwohnern; gleich um die Ecke ein Baumarkt, ein Getränkemarkt, zwei Discounter; unweit südlich der Zentralfriedhof. Hier erwartet wohl kaum jemand ein reformatorisches Zentrum mit überregionaler Ausstrahlungskraft. Das Martin Luther Forum Ruhr überrascht als Ort, der das kulturelle Erbe der Reformation im Ruhrgebiet lebendig und erlebbar macht – inhaltlich und architektonisch.

Gemeindefusionen und Kirchenschließungen verschonen auch das Ruhrgebiet nicht nach Zeiten, in denen es in diesem Ballungsraum wirtschaftlich aufwärtsging und Kirchenneubauten fast an der Tagesordnung waren. So war die evangelische Markuskirche im Gemeindebezirk Gladbeck-Ost bereits nach 40-jähriger Existenz Geschichte. Sich damit abfinden oder etwas Neues wagen? »Avanti Protestanti«, lautete im Jahr 2007 die richtungsweisende Antwort von einigen Gemeindemitgliedern, die das Ensemble mit Gemeindezentrum und Küsterwohnhaus nicht einem ungewissen Schicksal überlassen wollten. Die Projektidee: eine kirchennahe Weiternutzung als Ort für Glaube und Leidenschaft, Spiritualität und Freiheit, Begeisterung und Streitkultur dauerhaft zu

gewährleisten – ein Forum »für eine bildungsbezogene und kulturelle Auseinandersetzung mit den Grundideen des Protestantismus«, wie es Mitgründer Pfarrer Detlef Mucks-Büker (seinerzeit Superintendent im hiesigen Kirchenkreis, heute Oberkirchenrat in Oldenburg) formulierte. Ein rein privater Trägerverein wurde gegründet, ein Förderverein auf die Beine gestellt, in dem sich Christen beider Konfessionen engagieren, mit »Martin Luther Forum Ruhr« ein markanter und einprägsamer Name gefunden, Unterstützer, Förderer und

Sponsoren gesucht, Bau- und Umbaupläne gewälzt. Mutig gedacht – und gelungen! Seit dem 1. August 2008 ist die ehemalige Markuskirche Standort des Martin Luther Forum Ruhr – fast genau 40 Jahre nach der Einweihung der Kirche im Mai 1968. Am Vorabend des Reformationstages 2009, am 30. Oktober, feierte man die Eröffnung des Martin Luther Forum Ruhr. Als vorbildliches Beispiel für eine gelungene »Kirchenumnutzung« findet es in der Kirche, der Architektur und der Politik Anerkennung und Lob. Seine Existenz ist auch deshalb von be-

◄ **Seiten 94/95**
Triptychon von Otmar Alt, Ausstellung im
Martin Luther Forum Ruhr

◄
Otmar Alt: »Die Kunst ist wichtig für die Seele.«
Der Künstler stellte 2014 im Martin Luther
Forum Ruhr seine Bilderreihe »Martin Luther –
Fabeln« und sein Triptychon (dreiteiliges
Altarbild) aus

▼
Für die Buddy-Bears-Ausstellung gestaltete
Otmar Alt den Bären MaLu. Otmar Alt hat ex-
klusiv für das Martin Luther Forum Ruhr auch
noch weitere Werke geschaffen: Rabe mit
Beffchen, ausgestellt im Forum, und Engel mit
Lutherrose (Anstecker und Postkarte)

◄ **Seite 96**
Das Martin Luther Forum Ruhr in Gladbeck in
der ehemaligen Markuskirche

sonderer Bedeutung, weil sich das Martin Luther Forum auf dem Gebiet des Vestes Recklinghausen befindet, wo Protestanten über Jahrhunderte nichts zu suchen hatten: Denn in dieser Region, die zum Herrschaftsbereich der Erzbischöfe von Köln gehörte, durften Protestanten bis 1802 gar nicht siedeln.

Entdecken. Erleben. Bewegen: I. Das Programm

Der Name Martin Luther Forum Ruhr kann in die Irre führen. Es geht hier nicht um Personenkult oder um ein Museum für den Reformator. Wohl aber um seine Gedanken, sein Wirken, seine kulturellen und gesellschaftspolitischen Wegweisungen, nicht nur für Protestanten, nicht nur für Christen. Das Forum versteht sich als Plattform für den Dialog und ist ein unabhängiges, offenes und bürgernahes Bürgerzentrum für das kulturelle Erbe der Reformation mit Schwerpunkt im Ruhrgebiet. Eine wesentliche Säule ist das Veranstaltungsprogramm mit inzwischen über 60 Veranstaltungen pro Jahr. Neben Symposien, Talk-Runden, Vorträgen und Werkstatt-Angeboten finden auch Konzerte und künstlerische Darbietungen im Martin Luther Forum Ruhr statt. Dabei gibt es keine Verengung auf bestimmte Zielgruppen. Wer sich für Religion, Geschichte, Bildung,

Kultur und das Ruhrrevier interessiert, ist im Martin Luther Forum Ruhr genau richtig.

Unter der Schirmherrschaft der damaligen Landtagspräsidentin von Nordrhein-Westfalen, Regina van Dinther, startete der Veranstaltungsreigen des Forums als Kooperationsprojekt des Programms »Kulturhauptstadt RUHR.2010«. Auch die Dauerausstellung »Reformation und Ruhrgebiet« öffnete im Kulturhauptstadtjahr ihre Türen. Das Programm im Jahr 2010 war entsprechend ambitioniert: zum Beispiel mit Veranstal-

tungen mit Margot Käßmann, dem Theologen Eugen Drewermann, dem ehemaligen Bremer Bürgermeister Henning Scherf, dem Bundestagspräsidenten Dr. Norbert Lammert und Joachim Gauck, dem jetzigen Bundespräsidenten mit Konzerten (unter anderem mit der Neuen Philharmonie Westfalen), Ausstellungen (Günther Uecker »Das Buch Hiob«) und Kabarett.

Das Kulturhauptstadtjahr bildete für das Martin Luther Forum Ruhr die erste Etappe auf dem Weg der Jahre der Lutherdekade in das Jahr 2017, in dem das Jubiläum 500 Jahre Reformation begangen wird. Dieser Schwung des Beginns trägt das Engagement der zahlreichen Ehrenamtlichen des Forums bis heute. Aus den bisherigen Angeboten (Diskussionen, Gespräche, Konzerte, Ausstellungen usw.) – durchaus auch mit überregionaler Anziehungskraft – hier nur einige Beispiele und Namen:

Nikolaus Schneider als damaliger EKD-Ratsvorsitzender, Alt-Bischof Prof. Dr. Dr. h.c. Wolfgang Huber (ehemaliger EKD-Ratsvorsitzender), Berthold Beitz, Christina Rau, Hannelore Kraft als damalige SPD- Fraktionsvorsitzende im Landtag NRW, Ruhr-Bischof Dr. Franz-Josef Overbeck, Prof. Dr. Dr. Udo di Fabio (Vorsitzender des wissenschaftlichen Beirates zur Vorbereitung des Reformationsjubiläums 2017 und Bundesver-

fassungsrichter a. D.), Musical-Premiere Folkwang Hochschule »Jesus Christ Superstar«, Ausstellungen wie »Hier stehe ich ...« (Ottmar Hörl), Heimatsucher (Porträts vertriebener Juden), »Im Endlichen das Unendliche finden« (Kreuze, Skulpturen, und Bilder von Ludger Hinse) und »Ein Stück Ferne ist mir nah« (Kreuztücher und Skulpturen von Erich Krian), das Toleranzprojekt mit den United Buddy Bears The Minis (Berlin) und der Kindernothilfe (50.000 Euro Spendenerlös), Talks wie »Fußballgott und Teufelskerle«, Ausstellung »Leben nach Luther« des Deutschen Historischen Museums Berlin, Ökumenische Diskussionsveranstaltungen, mehrere Ausstellungen des Künstlers Otmar Alt (unter anderem »Otmar-Alt-Bibel«), Aufführung des selten gespielten Theaterstücks »Luther« von John Osborne.

Entdecken. Erleben. Bewegen: II. Ausstellung »Reformation und Ruhrgebiet«

Zweiter zentraler Pfeiler des Martin Luther Forum Ruhr ist die Dauerausstellung »Reformation und Ruhrgebiet«. Aufgebaut 2009 und 2010, wurde sie 2012 erweitert; weitere Ergänzungen sind geplant. Insofern bildet die Ausstellung auch den Prozess ab, der den Protestantismus im Ruhrgebiet nach wie vor in Bewegung hält. »Reformation und Ruhrgebiet« lädt mit den Exponaten, Texten und Bildern – präsentiert mit moderner Medien-, Audio- und Lichttechnik – zu einer Suche nach den Spuren der Reformation im Ruhrgebiet ein. Ausgehend von »Luther und seine Welt« setzt die Ausstellung in ihrem Verlauf über mehrere Ebenen starke regionale Akzente.

Das unterscheidet sie von den üblichen zentral (auf Deutschland oder Europa) ausgerichteten Präsentationen über die Reformation. Auf über 200 Quadratmetern gewährt sie tiefe Einblicke in die Entwicklungslinien der Reformation an Rhein und Ruhr. Mentalitäts-, Sozial-, Wirtschafts- und Alltagsgeschichte, Traditionen und Herkunft der Zuwanderer, protestantische Ethik der Unternehmer aus dem Ruhrgebiet sind nur einige der Themen, welche die Besucher erwarten. Gezeigt werden Exponate aus der Zeit der Reformation bis in das 21. Jahrhundert. Bei allem Respekt vor historischen Fakten und Entwicklungen will sich die Ausstellung vor allem auf die Menschen beziehen, die im Kontext der Entwicklung des Ruhrgebietes ihr evangelisches Glaubensbekenntnis – sei es lutherisch, sei es reformiert oder uniert – mitgebracht

Die Druckerpresse nach Gutenbergscher Konstruktion in der Ausstellung ist voll funktionsfähig. Mithilfe von Vorlagen können verschiedene Texte gedruckt werden – auch das Vaterunser

◄ Seite 98
Im ersten Raum der Dauerausstellung »Reformation und Ruhrgebiet« im Martin Luther Forum Ruhr wird die Zeit vor Martin Luther thematisiert – Ablass, Angst und Aberglaube bestimmte das Leben der Menschen

haben. Die Realisierung der Ausstellung wurde maßgeblich durch die Alfried Krupp von Bohlen und Halbach-Stiftung und die NRW-Stiftung gefördert.

Für Gruppen werden Themenführungen angeboten. In der Abteilung »Am Anfang war das Wort« steht ein Nachbau der Druckerpresse Gutenbergscher Konstruktion – dort können unter fachkundiger Anleitung Drucke zum Beispiel von Kirchenliedern angefertigt werden.

Café und Turmladen

Das Café am Turm und der Turmladen runden die Forumsangebote ab – auch diese Einrichtungen werden ehrenamtlich betreut. In Kooperation mit einer örtlichen Buchhandlung bietet der Turmladen ein breites Spektrum an Fachliteratur und allgemeiner Literatur zum Thema Religion und Alltag an – aber auch Souvenirs und Geschenkideen; darunter der exklusiv für das Martin Luther Forum Ruhr entworfene Anstecker »Engel mit Lutherrose« des Künstlers Otmar Alt.

Ein Gebäude für »großartige Aufgaben«

Eine großzügige, offene Treppenanlage führt heute an der Ecke Bülser- und Lindenstraße in Gladbeck-Ost ins Martin Luther Forum Ruhr. Dieses einladende Entree – nach der Idee der Planer quasi als städtische Piazza gedacht – ist das äußere Zeichen der Umgestaltung des Gemeindezentrums Markuskirche in einen multifunktionalen Veranstaltungsort. Die evangelische Markuskirche wurde 1968 eingeweiht. Sie war gebaut worden in einer prosperierenden Zeit mit vielen Kirchenneubauten im Ruhrgebiet. Den Neubau fanden damals nicht wenige Gemeindemitglieder gewöhnungsbedürftig: ein Kirchengebäude mit Zeltdach, davon getrennt der Kirchturm, der Gottesdienstraum verbunden mit Gemeindezentrum und Küsterwohnung. In drei Blöcken waren die Stuhlreihen um den Altar herum angeordnet, schlichte weiße Wände. Sachlich, nüchtern, das reine Wort betonend – in der damaligen Zeit der Trend im protestantischen Kirchbau, der sich vom Sakralraum zum Mehrzweckraum wandelte. Es sollte bis heute der letzte Neubau einer evangelischen Kirche in Gladbeck sein.

Für 40 Jahre wurde die Markuskirche trotz anfänglicher Skepsis Heimat für die Gemeinde. Dann gehörte diese Kirche zu den beiden Kirchenzentren, von denen sich die Evangelisch-Lutherische Kirchengemeinde Gladbeck-Mitte aufgrund sinkender Mitgliederzahlen und Kostenüberlegungen trennte. Für den symbolischen Wert von einem Euro erwarb der Trägerverein des Martin Luther Forum Ruhr das Gemeindezentrum, das am 1. August 2008 umgewidmet wurde. Einen Monat vorher war die ehemalige Markuskirche als typischer Vertreter des Sakralbaus der 60er Jahre unter Denkmalschutz gestellt worden.

Bevor das Forum 2009 eröffnet werden konnte, waren umfangreiche Instandsetzungs- und Umbauarbeiten notwendig. Die Gesamtbaukosten beliefen sich auf rund eine Million Euro – aufgebracht durch Städtebauförderungsmittel des Landes NRW, einem Beitrag der Stadt

Ein interaktiver Medientisch in der Ausstellung erschließt die Entwicklung des Protestantismus in der Region von Ruhr, Emscher und Lippe von den Anfängen bis zur Gegenwart

Gladbeck – und einem Eigenanteil von rund 100.000 Euro, den der Trägerverein zu leisten hatte. Das gelang dank der finanziellen Unterstützung engagierter Förderer und des Vereins der Freunde und Förderer des Martin Luther Forum Ruhr. Die Deutsche Stiftung Denkmalschutz half bei der Sanierung des Glockenturms.

»Die überzeugendste Umnutzung einer modernen Kirche«

Vom Haupteingang des Martin Luther Forum Ruhr gelangt man in den großen fünfeckigen Raum, die frühere eigentliche Kirche, mit drei gleichschenkligen Mauern, Lichtbändern und zwei verglasten Wänden unter dem zeltförmigen Dach. Hier finden größere Veranstaltungen, Ausstellungen und Konzerte statt. Der Raum kann – je nach Verwendung – für das Publikum bestuhlt werden. Wendet man sich vom Eingang aus nach rechts, findet man sich im offenen Café-Bereich wieder. Von hier aus geht es

in den Kleinen Saal/Seminarraum und durch den angrenzenden Turmladen in die Dauerausstellung »Reformation und Ruhrgebiet« in der ehemaligen Küsterwohnung. Das gesamte Forum ist barrierefrei.

Hinter den Gebäuden wartet ein Skulpturengarten auf die Besucherinnen und Besucher – unter anderem mit »Stumme Zeugen der Reformation«, einer Säule aus zwei spätmittelalterlichen Säulensteinen der alten Bibliothek des Augustinerklosters Erfurt und einem modernen Mittelteil aus Stahl und Glas, das in Bochum gefertigt wurde, der Skulptur TRINITY von Norbert Thomas oder dem japanische Kuchenbaum, der als Partnerbaum für die enge Verbindung mit dem Luthergarten in Wittenberg steht.

Seit seiner Eröffnung am Vorabend des Reformationstages 2009 haben bis heute über 40.000 Menschen die unterschiedlichsten Aktivitäten im Martin Luther Forum Ruhr erlebt. Auch in Zukunft will das Forum seinem Anspruch gerecht werden, der sich in der Würdi-

gung von Bundestagspräsident Prof. Dr. Norbert Lammert treffend ausgedrückt findet: »Eine denkmalgeschützte Kirche als Ort lebendiger Begegnungen zu erhalten und zu einer Stätte anspruchsvoller Dialoge zu machen, ist eine großartige Aufgabe.« Und Alt-Bischof Prof. Dr. Dr. h.c. Wolfgang Huber, ehemaliger EKD-Ratsvorsitzender, sprach nach seinem Besuch im Oktober 2015 höchstes Lob aus: »Das Martin Luther Forum Ruhr ist die überzeugendste Umnutzung einer modernen Kirche, die mir bisher begegnet ist.« ●

▶ **WERNER CONRAD**
ist Journalist und Pressesprecher des Martin Luther Forum Ruhr.

»Fisch am Auto reicht nicht«

*Interview mit Martin Grimm, Vorsitzender des Vorstandes
Martin Luther Forum Ruhr und Mitgründer des Forums*

*Wie kommt man darauf, ein Martin Luther
Forum Ruhr aus der Taufe zu heben und
das ausgerechnet in Gladbeck?*
»Fisch am Auto reicht nicht« – Diese
markante Aussage unseres damaligen
Superintendenten war der Anlass für
uns, uns an ein größeres, komplexes Projekt zu wagen und freiwillig eine der-
artige Herausforderung anzunehmen.
Zustände beklagen kann jeder – zu agie-
ren ist eine andere Sache. Gladbeck liegt
mitten im Ruhrgebiet, Gladbeck ist
typisch Ruhrgebiet, warum also nicht
Gladbeck? Die ehemalige Markuskirche
ist ein idealer Standort der lokalen Ver-
ankerung unseres Projektes.

*Luther war aber doch nie in Gladbeck,
oder?*
Das haben schon viele angemerkt, darauf kommt es auch gar nicht an. »Luther«
ist überall gegenwärtig. Gerade die Reformationsgeschichte im Ruhgebiet und
ihre Bezüge zur Gegenwart sind unglaublich spannend – für alle.

*Mit »Avanti Protestanti« leiten Sie Ihre
Informationsbroschüre ein. Was wollen
engagierte Christen mit einem derartigen
Projekt erreichen?*
»Avanti Protestanti«, der Aufruf stammt
von dem damaligen EKD-Ratsvorsitzen-
den Huber – und er hat Recht! Wir wollen
die Streitkultur beleben und den gesellschaftlichen Diskurs pflegen. Reformatorische Themen haben auch und gerade
heute eine hohe Aktualität. Wir müssen
nicht alle einer Meinung sein, aber jeder
Bürger sollte sich eine eigene Meinung
bilden können.

*Seit Jahren ist das Martin Luther Forum
Ruhr mit Veranstaltungen und der Dauerausstellung »Reformation und Ruhrgebiet«
aktiv. Wie wird man ein fester Bestandteil
der Kulturlandschaft Ruhr?*
Ich denke, das Martin Luther Forum ist
mittlerweile etabliert. Das zu erreichen,
ist harte Arbeit. Ein gutes Programm
und nachhaltiges Wirken ist die Voraussetzung dafür. Das ist nur mit einem tatkräftigen und engagierten Team möglich.

*Das Jahr 2017, das Jahr des Reformations-
jubiläums, sieht das Forum selbst als
wichtiges Etappenziel auf dem Weg zu
einem reformatorischen Zentrum im Ruhrgebiet. Die Jahre der Lutherdekade selbst
haben dem Forum viel Schwung gegeben.
Wie geht es nach 2017 weiter mit dem
Martin Luther Forum Ruhr?*
Jetzt haben wir zuerst einmal das Ziel-
jahr 2017 vor der Brust. Aber natürlich

schauen wir weit nach vorn, auf die
nächsten Jahre. Natürlich geht es weiter.
Ich denke, unser Konzept hat sich be-
währt, die Idee trägt das Projekt und das
Projekt deckt einen Bedarf.

Haben Sie einen Wunsch?
Dass wir im Jahr 2032 25 Jahre Martin
Luther Forum feiern werden.　●

Die Fragen stellte Werner Conrad.

▶ **MARTIN GRIMM**
ist »ein Kind des Ruhrgebiets«. Der
promovierte Jurist war ein Vierteljahr-
hundert in unterschiedlichen leitenden
Positionen im Krupp-Konzern, später
ThyssenKrupp, tätig, zuletzt als Vorsitzender
der Geschäftsführung von ThyssenKrupp
Real Estate. Martin Grimm ist heute als
Rechtsanwalt in Essen tätig.

Die Kreuzeskirche im Norden der Essener Innenstadt ist unter dem Motto »Zu Gast bei Kirche« weiterhin Gemeindekirche, aber auch Konzertsaal und professioneller Veranstaltungsort

Die Kreuzeskirche und das Forum Kreuzeskirche Essen

VON OLIVER SCHEYTT

Die evangelische Kreuzeskirche im Norden der Essener Innenstadt hat sich in den letzten beiden Jahrzehnten durch eine neuartige Trägerstruktur und eine erweiterte Nutzung des Kirchenraumes zu einem Modellfall entwickelt. Sie ist heute nicht nur Gemeindekirche, sondern zugleich ein überregional wirkendes Kulturzentrum.

Baugeschichte

Die Kreuzeskirche ist das letzte erhaltene öffentliche Gebäude aus dem 19. Jahrhundert im nördlichen Teil der Innenstadt von Essen. Konzipiert wurde sie von dem Berliner Kirchenbauarchitekten August Orth. Orth hatte in der Reichshauptstadt schon etliche evangelische Kirchen gebaut, die wegen ihres souveränen Umgangs mit historischem Formengut zu den modernsten der damaligen Zeit zählten. Die Kreuzeskirche gilt als Höhepunkt des Rundbogenstils.

Im Jahr 1896 weihte Kaiserin Auguste Viktoria das Gotteshaus ein. Im Mai 1943 brannte die Kreuzeskirche nach einem Bombenangriff vollständig aus. Das Dach und die Emporen stürzten ein, die neugotische Innenausstattung wurde fast vollständig zerstört, aber die Außenwände blieben stehen. Nach dem Zweiten Weltkrieg wurde die Kreuzeskirche wieder aufgebaut. Ende der 50er Jahre beschloss die evangelische Kirche, hier ein kirchenmusikalisches Zentrum entstehen zu lassen. 1987 wurde die Kreuzeskirche unter Denkmalschutz gestellt.

Der »Essener Konsens«, ein Gemeinschaftsprojekt von Arbeitsamt, Berufsförderungswerk, Malerinnung und Denkmalbehörde, begann im Jahr 1996 im Rahmen eines Umschulungs- und Qualifizierungsprojekts mit der Sanierung und Restaurierung der Kirche. Realisiert wurden eine Erneuerung des Innenanstrichs und eine Teilsanierung des Turms und der Fassaden.

Wesentliche Akteursgruppen für die Erhaltung der Kreuzeskirche waren das »Forum Kreuzeskirche Essen e. V.« und ein 1996 gegründeter Bauverein. Das Forum Kreuzeskirche entwickelte sich zum Motor für die erweiterte Nutzung der Kreuzeskirche als öffentliches Forum des Dialogs zwischen Kirche und Gesellschaft sowie der Begegnung von Glaube, Wissenschaft und Kunst.

Das Forum Kreuzeskirche

Begegnungen von Glaube, Wissenschaft und Kunst zu fördern und zu befruchten, ist Ziel des »Forum Kreuzeskirche Essen e. V.«, einer privaten Initiative von Bürgern der Stadt Essen, der Universität Duisburg-Essen, dem KWI (Kulturwissenschaftliches Institut Essen), der Evangelischen Kirchengemeinde Essen-Altstadt und der Folkwang Universität der Künste. Das KWI und die beiden Universitäten wirken im Vorstand des Forums institutionell mit. In spartenübergreifen-der Zusammenarbeit schafft es einen Ort des Dialogs zwischen Menschen, die am kulturellen, wissenschaftlichen, gesellschaftlichen oder religiösen Leben teilnehmen.

Mit seinem Programm bezieht das Forum Kreuzeskirche eine breite Öffentlichkeit in den gesellschaftlichen Dialog ein und schafft Strukturen für kulturellen Austausch. Die Veranstaltungsreihen, in deren Rahmen die beteiligten Partner sich ihrer spezifischen medialen und interpretatorischen Mittel bedienen (Musik, Sprache, Bild etc.), aktualisieren jeweils ein bestimmtes Thema.

Das illustrieren frühere Veranstaltungstitel wie ZeitenWendeZeit; Entartete Musik; KlangRaum; Messiaen 2002; »Geh aus mein Herz« Leiderfahrung, Heilssuche und Humanismus; Voila laFrance; Projekt Babel 2010; Passionsprojekt; Festival protestantische Vokalmusik; StadtKlang-Raum.Kreuzeskirche.

Das Forum Kreuzeskirche weiß sich der Vielfalt gesellschaftlicher Gruppen und Meinungen verpflichtet. Es möchte zum Austausch der unterschiedlichsten Bevölkerungsgruppen beitragen und das Bewusstsein für Freiheit, Solidarität und Toleranz fördern.

Die (Kirchen-)Musik bildet einen besonderen Schwerpunkt, auch im Zusammenwirken mit bedeutenden bestehenden Reihen wie dem »Orgelfestival.Ruhr« und den angeschlossenen Institutionen wie der Universität Duisburg-Essen und der Folkwang Universität der Künste

(einschließlich deren Orchester und Chöre). Ebenso werden Synergieeffekte zwischen den Kulturbereichen angestrebt.

Sanierung und neue Nutzung seit 2014

Der Sanierungsstau in der Kreuzeskirche führte seit Jahrzehnten dazu, dass der Kirchenraum nur eingeschränkt nutzbar und optisch abstoßend war. Starke Feuchtigkeitsschäden zeigten sich an allen Wänden und in den Nebenräumen, es gab eine erhebliche Schimmelbildung. Netze fingen abbröckelnden Putz der Fensterlaibungen auf, der Anstrich war recht dunkel, die immobilen Kirchenbänke höchst unbequem. Im Altarraum stand ein Sammelsurium von Prinzipalien, auch aus den aufgegebenen Gemeindekirchen. Die Heizung konnte keine angenehme Temperatur herstellen. Eine

Bewirtung war nicht möglich. Eine einzige heruntergekommene Toilette war vorhanden. Chor- und Orchestermusiker hatten keine Möglichkeit, sich vor Konzerten zurückzuziehen. Die Dekoration war ein ewiger Behelf. Bei der Orgel drohte jederzeit die Unspielbarkeit. Der schlechte Zustand hatte vor allem den Konzertbetrieb stark beeinträchtigt, da der Standard für die hochkarätigen Künstler unzumutbar geworden war und der Konkurrenz vergleichbarer Räume in Essen nicht mehr standhielt.

Dank einer einzigartigen Gemeinschaftsinitiative konnten 2014 ca. 3 Mio. Euro in die Renovierung und die Umgestaltung der Kirche investiert werden, der ein neues multifunktionales Nutzungskonzept zugrunde liegt. Unter dem Motto »Zu Gast bei Kirche« ist die Kreuzeskirche als (weiterhin geweihte) Gemeindekirche, Konzertsaal und professioneller Veranstaltungsort zum Kristalli-

sationspunkt von Glauben, Wissenschaft und Kunst, von Wirtschaft und Gesellschaft geworden.

Die Finanzierung erfolgte zum einen aus Bundes- und Landesmitteln, zum andern aus privaten Mitteln. Der Kreativunternehmer und Eigentümer des Unperfekthauses Reinhard Wiesemann investierte 1,4 Mio. Euro. Die öffentlichen Gelder in Höhe von 1 Mio. Euro, die der Kreuzeskirche als Ort der Kulturvermittlung durch die Veranstaltungen des »Forum Kreuzeskirche Essen e. V.« zuflossen, kamen aus der Städtebauförderung sowie aus anderen Töpfen des Bundes und des Landes NRW.

Das Ziel war, die Außenhaut des Bauwerks zu sanieren und den Innenraum so zu gestalten und auszustatten, dass er sowohl gottesdienstlich als auch multifunktional nutzbar ist.

Reinhard Wiesemann holte den mit ihm befreundeten Bauunternehmer Rai-

◀
Eröffnungsfeier im Januar 2014 für die neue Nutzung der Kreuzeskirche nach Renovierung und Umgestaltung

▶
Prof. Dr. Oliver Scheytt ist Vorsitzender des Vorstands des Forum Kreuzeskirche Essen e.V. Der ehemalige Kulturdezernent der Stadt Essen war von 2006 bis 2012 Geschäftsführer der RUHR.2010 GmbH

ner Alt ins Boot und überzeugte das Presbyterium der Evangelischen Kirchengemeinde Essen-Altstadt, diesem die Kreuzeskirche zum symbolischen Preis von 1 Euro zu verkaufen.

Nach den von Eigentümer Rainer Alt mit seinen Mietern abgeschlossenen Mietverträgen wird die Nutzung der Kirche in den nächsten 20 Jahren auf drei Säulen stehen: 40% evangelische Kirche, 40% Kultur (»Forum Kreuzeskirche Essen e. V.«), 20% Kommerz (Unperfekthaus). Das bedeutet: Kirchliche Arbeit hat ebenso ihren Platz wie das kulturelle Angebot des Forum Kreuzeskirche und der Veranstaltungsmix des Unperfekthauses.

Das kirchliche und kulturelle Nutzungskonzept umfasst nach den Vorstellungen der kirchlichen Partner folgende Funktionen:
• Gottesdienste und Gemeinde-
  veranstaltungen,
• kirchliche, kommunale und uni-
  versitäre Kulturangebote (Konzerte,
  Ausstellungen, Lesungen u.v.m.),
• Begegnung und Dialog von Glaube
  und Kunst, Naturwissenschaft und
  Theologie.

Es sieht vor, dass die Kirche vollwertige Gottesdienststätte bleibt, sich zugleich aber kulturellen und sogar privaten und gewerblichen Nutzungen öffnet, die keinen Bezug zum christlichen Glauben haben müssen. »Zu Gast bei Kirche« lautet das Motto.

So entstand das bundesweit wohl einmalige Konzept, bei dem private Unternehmer eine Kirche übernehmen, die Kirche nicht entwidmet wird, alle Partner die kirchliche Nutzung begrü-

ßen, aber auch neue Nutzungsmöglichkeiten entwickelt werden.

Wesentliche Bestandteile der Innenraumgestaltung sind die neuen Prinzipalstücke Altar, Kanzel und Taufe. Sie wurden von der Bildhauerin Madeleine Dietz aus der Pfalz geschaffen, die auch das Kreuz im Altarraum, die Kerzenleuchter und die Liedanzeige gefertigt hat. Der Altarraum ist angehoben worden und lässt sich zur Bühne erweitern. Eine Lichtanlage auf dem neuesten Stand der Technik überspannt auf einer ovalen Traverse den ganzen Kirchenraum. Statt Bänken gibt es Stühle, die problemlos in den neugeschaffenen Stauräumen verschwinden können.

Im Dezember 2014 konnte nach einer nur zehn Monate langen Umbauzeit die Kreuzeskirche in Essen glanzvoll wiedereröffnet werden.

Die Orgel der Firma Karl Schuke Berlin aus dem Jahr 1968 wurde im Frühjahr 2015 restauriert und ist mit 70 Registern die größte der Evangelischen Kirche im Ruhrgebiet. Sie wird als herausragendes Konzertinstrument der Region auch von der Folkwang Universität der Künste genutzt.

Programm zum Reformationsjubiläum

Die Ereignisse im 15. und 16. Jahrhundert rund um Luther und die Reformation hinterließen viele Spuren bis in die heutige Zeit. Das Forum Kreuzeskirche will in seinen Veranstaltungen in den Jahren 2016 und 2017 vielen dieser Spuren nachgehen. Gemeinsam mit den Kooperationspartnern Stiftung Ruhr Museum und Martin Luther Forum Ruhr wird ein Veranstaltungsprogramm mit Konzerten, Vorträgen und Podiumsdiskussionen, Symposien und Tagungen, Theater, Kabarett und Filmabenden entwickelt. Hinzu kommen museumspädagogische Aktionen sowie Bildungs- und Vermittlungsveranstaltungen.

Die Stärke des Forum Kreuzeskirche ist vor allem die Kirchenmusik. Hier werden unterschiedlichste Konzertformate miteinander verbunden. Konzerte für Chor und Orchester, Chor a cappella, Orgelkonzerte, Gesprächskonzerte und Kinderkonzerte berücksichtigen ein Repertoire vieler Epochen und Konfessionen. Ein besonderer Schwerpunkt liegt dabei auf Programmen mit musikpädagogischem Aspekt für Kinder.

Die Kreuzeskirche ist darüber hinaus Mitglied in der Arbeitsgemeinschaft des Orgelfestival.Ruhr, gestaltet von sechs Kirchenmusikern in sechs evangelischen Hauptkirchen entlang der A40 von Dortmund bis Duisburg. Mit dieser Arbeitsgemeinschaft wird für das Jahr 2017 ein großes Programm zum Reformationsjubiläum erarbeitet. In der Kreuzeskirche werden dazu maßgebliche Beiträge stattfinden. ●

▶ **PROF. DR. OLIVER SCHEYTT**
ist Vorsitzender des Vorstands des Forum Kreuzeskirche Essen e. V.

»Der geteilte Himmel. Reformation und religiöse Vielfalt an Rhein und Ruhr«

Ausstellung im Ruhr Museum auf dem Welterbe Zollverein in Essen

—

VON MAGDALENA DREXL UND REINHILD STEPHAN-MAASER

Der Raum des heutigen Ruhrgebiets gehörte nicht zu den Zentren der Reformation. Bestrebungen, die Kirche im Sinne Luthers zu erneuern, fanden hier erst ab Mitte des 16. Jahrhunderts einen sichtbaren Niederschlag. Allerdings existierten in den zahlreichen Territorien die verschiedenen religiösen Strömungen dann schon bald direkt nebeneinander.

Vor allem zwei Aspekte unterschieden die Region von anderen im Heiligen Römischen Reich: Auf der Grundlage des Humanismus, etwa der Ideen von Erasmus von Rotterdam, wurden seit den 1540er Jahren Kirchenreformen durchgeführt, die zunächst keine Spaltung beabsichtigten. Außerdem wurden die Reformierten hier bereits vor dem Westfälischen Frieden geduldet. Es gibt also gute Gründe, mit der Ausstellung »Der geteilte Himmel« an die Reformation zu erinnern. Zugleich stellt sich das Ruhr Museum aber die Aufgabe, die historische Darstellung bis in die Gegenwart fortzusetzen und die »religiöse Vielfalt an Rhein und Ruhr« seit dem 16. Jahrhundert bis heute zu beleuchten.

Die Ausstellung wird vom 3. April bis zum 30. Oktober 2017 im Ruhr Museum in der ehemaligen Kohlenwäsche des Welterbes Zollverein gezeigt. Begleitend dazu wird ein umfangreiches kulturelles und wissenschaftliches Veranstaltungsprogramm vom Forum Kreuzeskirche in Essen und vom Martin Luther Forum Ruhr in Gladbeck angeboten, das bereits zum Reformationstag 2016 beginnt.

Ein Gang durch die Geschichte

Im Hauptraum des dreischiffigen Wechselausstellungsraumes steht die Erzählung der verschiedenen Reformationsbestrebungen im Ruhrgebiet seit dem 16. Jahrhundert im Zentrum. Der zweite Schwerpunkt liegt auf den Folgen der Reformation und der sich stetig weiterentwickelnden religiösen Vielfalt. Der chronologische Rundgang folgt der Religionsgeschichte von der spätmittelalter-lichen Frömmigkeit zur Reformation über die Gegenreformation und die Säkularisation, von der Entstehung der religiösen Milieus im Zuge der rasanten Bevölkerungsentwicklung während der Industrialisierung bis zu neu hinzukommenden Religionen wie Islam, Hinduismus und Buddhismus in der zweiten Hälfte des 20. Jahrhunderts.

Die Ausstellung macht die Besucher zunächst mit der gesellschaftlichen und mentalen Ausgangssituation im Spätmittelalter bekannt – seinen Frömmigkeitsformen, dem Ablasswesen und der Kritik an den kirchlichen Missständen.

Es folgt ein Überblick über die kirchlichen Reformmaßnahmen in den Städten und Herrschaftsgebieten des heutigen Ruhrgebiets. Da sich die Reformation in den Orten zu unterschiedlichen Zeitpunkten durchsetzte und individuelle Anlässe dafür den Ausschlag gaben, werden jeweils die Besonderheiten herausgehoben. Bedeutende Ereignisse, wichtige Personen, aber auch das Vorgehen der Obrigkeit und die Konsequenzen für die Bevölkerung werden anhand von aussagekräftigen Exponaten dargestellt.

Dies gilt auch für die folgenden Epochen: Das 17. und 18. Jahrhundert war einerseits von der weiteren Ausdifferenzierung innerhalb der christlichen Kirchen, andererseits von einer Festigung der jeweiligen Konfessionskulturen geprägt. Der Pietismus, wie er von Gerhard Tersteegen in Mülheim gelebt und überregional verbreitet wurde, beeinflusste die Menschen am Niederrhein, im Bergischen Land und im Sauerland. Aber auch gegenreformatorische Maßnahmen, wie sie beispielsweise von den Essener Fürstäbtissinnen in ihrem Herrschaftsgebiet durchgeführt wurden, kennzeichnen diese Epoche. Juden erhielten in der Region des heutigen Ruhrgebiets zunehmend Aufenthaltsrechte, wenngleich diese meist befristet waren. Die um 1800 einsetzende Säkularisation brachte die Abschaffung der geistlichen Territorien und die Aufhebung von Klöstern mit

sich. Dennoch bedeutete dies nicht das Ende von Religiosität.

Mit der im 19. Jahrhundert einsetzenden Industrialisierung, dem Zuzug von Arbeitern unter anderem aus Masuren, Ostpreußen sowie Schlesien und der dadurch sprunghaft ansteigenden Bevölkerungszahl veränderte sich die Konfessionslandschaft des Ruhrgebiets noch einmal grundlegend. Die überlieferten Relikte aus sakralem, gesellschaftlichem und privatem Kontext spiegeln die Neuerungen und die Ausdifferenzierung des religiösen Lebens und der kirchlichen Praxis wider. Wie sich die Kirche während des Ersten und Zweiten Weltkrieges im Ruhrgebiet verhielt, wird anhand von ausgewählten Biographien gezeigt. Die Gegenwart ist stark geprägt von den Migrationsphasen unmittelbar nach dem Zweiten Weltkrieg, den Arbeitsmigranten seit den 1960er Jahren, dem Zuzug von Juden aus der ehemaligen Sowjetunion und der aktuellen Zuwanderung aus Kriegs- und Krisengebieten. Die Neuankömmlinge brachten und bringen eigene Formen von Frömmigkeit mit, die in der Ausstellung exemplarisch vorgestellt werden.

Themenräume

Der chronologische Erzählstrang im Zentralraum wird in den Seitenräumen der Ausstellung durch Themen vertieft,

in denen glaubensübergreifende religiöse Phänomene zum Ausdruck kommen. Das bietet die Möglichkeit zur Verdeutlichung von Gemeinsamkeiten und Unterschieden, aber auch zur Darstellung von Berührungspunkten und Besonderheiten im Zusammenleben der verschiedenen Religionen. Außerdem werden Kontinuitäten und Transformationen in der Glaubenspraxis erkennbar, die z. B. durch Anpassung an die neue Umgebung bedingt sind.

So sollen zentrale Schriften der verschiedenen Religionen – Bibelübersetzungen der drei christlichen Konfessionen, Thora und Koran – einander gegenübergestellt werden. Auf diese Weise zeigen sich gemeinsame Traditionen innerhalb der monotheistischen Religionen, aber auch ihre Differenzen. In der Abteilung »Toleranz und Propaganda« werden gegenseitige Vorwürfe und Feindbilder der Konfessionen mit Hilfe von Kontroversschriften und Spottbildern dargestellt.

Das Thema Frömmigkeit und Magie wird mit ganz unterschiedlichen Exponaten veranschaulicht. Hierzu zählen Gebetbücher, Andachtsbilder, Gebetsketten und Ausstattungsstücke aus Kirchen, Synagogen und Moscheen, aber auch Glücksbringer, Talismane und »Reliquien« aus Privatbesitz.

Christliche, jüdische und islamische Feste im Ruhrgebiet, ebenso jedoch das hinduistische Tempelfest in Hamm und das interreligiöse Abrahamsfest in Marl werden in einer weiteren Abteilung vorgestellt. Zudem thematisiert die Ausstellung die mit dem Lebenszyklus eines jeden Menschen verknüpften Rituale – Geburt und Kindheit sowie Tod und Jenseitsvorstellungen. Die vor allem im 19. und 20. Jahrhundert im Ruhrgebiet entstandenen und exemplarisch vorgestellten Sakralbauten verweisen auf die unterschiedlichen Bedürfnisse, Traditionen und Neuerungen der Konfessionen und Religionen.

Ein weiteres Thema bilden die Pilgerfahrten. Nach der Einführung der Reformation wurden oftmals Heiligenfiguren und Reliquien entfernt oder an anderen

◀ **Seite 106**
Alte Synagoge in Essen, um 1915

◀ **Seite 107**
Koranschule, Duisburg 1985

▶
Porträt einer Frau mit Buch
und Totenschädel – Nachfolge
Bartholomäus Bruyn d. Ä.,
2. Hälfte 16. Jahrhundert

Orten aufgestellt. Einige Wallfahrtsorte in katholischen Gegenden des heutigen Nordrhein-Westfalens wie Kevelaer, Telgte, Werl und Neviges entstanden erst im Kontext der Gegenreformation. In diesem Kapitel soll aber auch die Reise nach Mekka thematisiert werden, die ein Muslim einmal in seinem Leben unternehmen soll.

Ein besonderes Anliegen der protestantischen, aber auch der gegenreformatorischen Bestrebungen war die Erziehung der Kinder. Neue Schulen wurden von Humanisten und Geistlichen gegründet und erhielten spezifische Lehrpläne. Die landesherrliche Gründung der reformierten Universität in Duisburg verdient besondere Aufmerksamkeit. Eine wichtige Rolle spielte auch die Musik; zahlreiche Gesangbücher entstanden.

Mit der Verbindung von historischer Darstellung und aktuellen Bezügen möchte die Ausstellung insgesamt zum Respekt gegenüber den vielfältigen Religionsausprägungen im Ruhrgebiet beitragen. Die neutralen Räume eines Museums bieten geeignete Voraussetzungen für einen kritischen Blick auf das Bekannte und Fremde – auch für Besucherinnen und Besucher, die selbst keiner Religion angehören.　　　•

▶ **DR. MAGDALENA DREXL**
　ist Kuratorin für Frühe Neuzeit im Ruhr
　Museum.

▶ **DR. REINHILD STEPHAN-MAASER**
　ist Kuratorin für mittelalterliche Geschichte
　im Ruhr Museum.

»Es ist alles verloren, sie singen!«

Die Creative Kirche erlebt Musik als kirchliche Kultur-Reformation und Kraft zur Grenzüberschreitung

VON MARTIN BARTELWORTH

Wirkung und Nebenwirkung nicht ausgeschlossen: Was einst 1993 ehrenamtlich begann, ist zu einer musikalischen Reformationsgeschichte geworden. Die Pionierarbeit im Evangelischen Kirchenkreis Hattingen-Witten ist in der Ruhr-Region bis heute fest verwurzelt, ihre Projekte haben sich dennoch im Laufe der Zeit deutschlandweit multipliziert. Das hatten die Gründer und Vorstände der Stiftung Creative Kirche, Martin Bartelworth und Ralf Rathmann, nicht vor, ist aber so gekommen.

Was sind das für Projekte, die Menschen begeistern, aufschließen zum Nachahmen und Protest anregen? Es sind Musikprojekte, Kinderbibelmusicals, Workshops, Chortage, Gottesdienste in neuer Form, die mit Popmusik Kinder, Jugendliche und Erwachsene berühren, trösten und mutig werden lassen. Da singt die Professorin neben dem ungelernten Schichtarbeiter, die Friseurin neben der Bauingeneurin. Die hat gleich ihre Tochter mitgebracht. Musik wird bei der Creativen Kirche stets so inszeniert, dass sie von Gottes Welt erzählt. Eine Welt, die so ganz anders ist als der anstrengende Alltag. Musik, so wird es erlebt, baut eine Brücke zwischen frommen und weniger frommen Herzen. Sie ist versehen mit einer Botschaft, die stärkt und glücklich macht. Infiziert mit

Kindermusical »Noah – und die coole Arche«, eines von zahlreichen Kinderbibelmusicals der Creativen Kirche

Freude rüstet sie für schwere Stunden. Das wollen die Projektmacher aus Witten für sich in Anspruch nehmen: Unterhaltung mit Tiefgang. Es ist aber eine alte Medizin, die da aus der »Gottesapotheke« geholt wird. Vor 500 Jahren schreibt Martin Luther: »Nichts ist auf Erden kräftiger, die Traurigen fröhlich, die Fröhlichen traurig, die Verzagten beherzt zu stimmen denn die Musica«.

Tradition der »singenden Gemeinde«

Ein markantes Zeichen der Reformation war der Gemeindegesang. Bis dahin wurden zwar auf den Straßen und in den Häusern »fromme Weisen« gesungen, aber nicht im Gottesdienst. Eine herrliche Anekdote: Im Jahre 1533 bemühte sich der lippische Landesherr Simon V., die neue Lehre der Reformation zu unterdrücken. Er verlangte das auch vom Rat der Stadt Lemgo, die auf seinem Territorium lag. So kam es, dass der Lemgoer Bürgermeister Ratsdiener in die Kirchen schickte, um die Abtrünnigen festzustellen und zur Ordnung zu rufen. Doch als die Diener zurückkamen, meldeten sie: Herr Bürgermeister, sie singen alle! Darauf rief der Bürgermeister: Ei, es ist alles verloren!

Die Creative Kirche sieht sich in dieser Tradition der »singenden Gemeinde«.

Jeder kann mitmachen: Von Witten zum Bodensee und nach Norderney

2014 wurden über 300 Kinderbibelmusicals aus dem Hause der Creativen Kirche von Gemeinden und Schulen in ganz Deutschland aufgeführt. 14.000 aktive Kindern und 100.000 Besucher waren beteiligt. Die in Witten entstehenden Bibelmusicals mit ihren wertvollen Pra-

SoulTeens Witten – SoulTeens ist die Jugendchorbewegung

▶
Projekt Die 10 Gebote, ein Pop-Oratorium von Michael Kunze und Dieter Falk; unter anderem 2012 im Dome in Düsseldorf vor 14.000 Zuschauern in zwei Vorstellungen aufgeführt

xishilfen sind weit mehr als beleuchteter Geschichtsunterricht. Selbst erlebte biblische Geschichte konserviert sich. Der Konservierungsstoff heißt Begeisterung. So wird Bibel in den Kinder- und Wohnzimmern real.

Auch den Gospelchören eine Heimat in der Kirche zu geben, ist ein Auftrag der Creativen Kirche. Der Gospelkirchentag ist europaweit das größte Gospelchortreffen. Alle zwei Jahre – auf Einladung einer Landeskirche – findet er in wechselnden Metropolen statt. Hannover – Karlsruhe – Dortmund – Kassel – Braunschweig ... – über 6.000 aktive Sängerinnen und Sänger erleben Gemeinschaft, Bildung und Begegnung. Die Aktion »Gospel für eine gerechtere Welt« mit dem Aktionspartner »Brot für die Welt« gibt Anregungen zu einem nachhaltigen Lebensstil und motiviert, Verantwortung für eine bessere Zukunft zu übernehmen. Für Jugendliche gibt es »SoulTeens«. Das ist eine Jugendchorbewegung, die jungen Menschen einen Kompass für das Leben mitgeben möchte: »Music, Social, Christ«.

Warum singen über 3.000 Sänger bei der Uraufführung des Pop-Oratoriums Luther in der Westfalenhalle mit? Weil es ein Orchester gibt, eine Band und Musicalstars? Weil mit Dieter Falk (Komposition) und Michael Kunze (Libretto) nach der Inszenierung von den »10 Geboten« wieder prominente Mitstreiter gefunden wurden? Weil das Leben von Martin Luther interessant ist? Die Antwort: von allem etwas. Das Wichtigste ist: Jeder kann mitmachen und etwas Einmaliges erleben! Keine Notenpflicht. Komm, wie du bist, du bist willkommen, sagt Jesus. Das sagt und lebt auch die Creative Kirche.

In Gospelchören und bei den Projekten der Creativen Kirche gibt es konfessionelle Vielfalt. Knapp 55 % sind evangelisch. 28 % sind römisch-katholisch, 6 % freikirchlich, 8 % gehören keiner Kirche an. Die Creative Kirche ist eher etwas für Ökumene und Menschen, die in Freiheit ihren Glauben ertasten, leben und in den Glauben hineinwachsen. Das jedenfalls meinen 40 % von 8.500 befragten Gospelsängerinnen. Der Glauben ist ihnen durch die Teilnahme in einem Gospelchor wichtiger geworden. Die Kirche auch, meinen zumindest 44 %.

Luther – ein Popmusiker

Luther »erfand« mit seiner Bibelübersetzung nicht nur die deutsche Sprache, er gab auch der Musik in der Kirche einen ganz neuen Platz. Jeder war von nun an aufgefordert, selber zu lesen, selber zu denken und durch seinen eigenen Gesang Gottesdienst mitzufeiern und zu gestalten. Damit das gelang, komponierte er Lieder und gründete zum Beispiel Singschulen. Er hat Melodien des Volkes mit glaubensstarken Worten zum Choral gemacht. Das war ja damals keine Klassik, das war »Volks-Pop«. Luther ging es um Verständlichkeit, um Glaubensmut und Teilhabe denn, – so hat er einmal gesagt – »Musik ist eine der schönsten Gaben Gottes und nahe der Theologie«. Oder anders ausgedrückt: Es ging und geht um die frohe Botschaft des Evangeliums und um ihren auch musikalischen Sitz im Leben.

Die Geburt der Evangelischen Pop-Akademie

Nach 23 Jahren Engagement stellt sich die Frage: Wie soll es weitergehen mit der Musik und der Kirche? Die Creative Kirche beantwortet diese Frage mit einer reformatorischen Vision der »singenden und musizierenden Gemeinde«. Um das zu fördern, was den Gemeinden nützt, gründete sie 2015 mit der Evangelischen Kirche von Westfalen und dem Evangelischen Kirchenkreis Hattingen-Witten die Evangelische Pop-Akademie. Deutschlandweit findet sich nichts dergleichen. Fragen werden aufgeworfen: Was lässt die Musik und den Gesang in der Kirche

und Gemeinden so richtig zum Klingen bringen? Es braucht mehr Intensität, Leidenschaft und kulturelle Heimat. Das ist in der Gemeindemusik heute ohne die Popmusik unvorstellbar. Es geht heute daher um eine Reformation der Kirchenmusik. Und es geht darum, die ganze Gemeinde vom Kindergartenkind bis zum Bewohner eines Altenheimes aktiv zu beteiligen.

Das Ende des Chorals ...

... wird es mit der Creativen Kirche nicht geben. Aber es braucht einen neuen Sound in der Kirche und einen neuen, aktuellen Zugang für die Musikvermittlung, die Menschen mitnimmt und begeistert. Da gehören Choräle der alten Meister in neuen Arrangements genauso dazu wie Gospels, Worship und andere Songs im Popstyle. Traditionelle Kirchenmusik beherbergt einen unfassbar großen kulturellen Schatz. Auch sind die Stücke zum Teil spektakuläre Glaubens-

zeugnisse, die Millionen von Menschen in schwierigen Stunden Kraft und Trost gespendet haben. Es gibt hervorragende Kirchenmusiker, die diese Kultur bestens vertreten und Menschen dafür begeistern. Popularmusik ist dazu keine Konkurrenz. Es geht der Creativen Kirche um etwas ganz anderes. Die Frage stellt sich: Wie kommt auf beiden Feldern, also in der Klassik und der Popmusik, glaubwürdige Qualität zustande? Dafür sind unterschiedliche kulturelle Zugänge notwendig. Ziel ist es, dass eines Tages die Popmusik in gleich hoher Qualität in der Kirche ihren Platz haben soll wie die traditionelle Kirchenmusik. Popmusik löst die Klassik nicht ab, es handelt sich um eine Ergänzung.

Vielen Bands, Gospelchören und anderen Ensembles könnte mehr Qualität nicht schaden. Damit das gelingt, fördert die Evangelische Kirche in Deutschland (EKD) in der Pop-Akademie einen neuen Bachelor Studiengang »Kirchliche Popularmusik«. Doch die Angebote der

Pop-Akademie richten sich nicht nur an zukünftige »Profis«, sondern an alle, die an der Vision »Singende und musizierende Gemeinde« mitwirken wollen. Das sind zu über 90 % Ehrenamtler und Menschen im Nebenamt. Sie will die Evangelische Pop-Akademie stärken, motivieren und fördern. Die Creative Kirche ist als Impulsgeber gefragter denn je. Ein Ort der Reformation in der Region Ruhr. Für Menschen gemacht, die auf der Suche nach Gott sind. Und davon gibt es viele. •

▶ **MARTIN BARTELWORTH**
ist Vorstand der Stiftung Creative Kirche.

Impressum

REGION RUHR
ORTE DER REFORMATION
Journal 28

Herausgegeben von
Prof. Dr. Dr. Johannes Schilling
und Dr. Martin Grimm

Die Deutsche Bibliothek ver-
zeichnet diese Publikation in der
Deutschen Nationalbibliographie;
detaillierte bibliographische
Daten sind im Internet über
http://dnb.ddb.de abrufbar.

© 2016 by Evangelische
Verlagsanstalt GmbH · Leipzig
Printed in Germany · H 8025

IDEE ZUR JOURNALSERIE
Thomas Maess, Publizist,
und Johannes Schilling,
Reformationshistoriker

GRUNDKONZEPTION
DER JOURNALE
Burkhard Weitz,
chrismon-Redakteur

COVER & LAYOUT
NORDSONNE IDENTITY, Berlin

COVERBILD
Forum Kreuzeskirche

REDAKTION
Werner Conrad

BILDREDAKTION
Werner Conrad

ISBN 978-3-374-04263-0
www.eva-leipzig.de

WERNER CONRAD,
verantwortlicher Redakteur
dieses Heftes

www.luther2017.de

Bildnachweis